褚时健
经营哲学

褚时健
管理至上

张小军／著　考拉看看／策划

浙江人民出版社

图书在版编目（CIP）数据

　　褚时健. 管理至上 / 张小军著. -- 杭州：浙江人
民出版社，2019. 9
　　ISBN 978-7-213-09379-1

　　Ⅰ. ①褚… 　Ⅱ. ①张… 　Ⅲ. ①褚时健（1928–2019）
—传记　Ⅳ. ①F279.23

　　中国版本图书馆CIP数据核字（2019）第155771号

褚时健. 管理至上

张小军 著

出版发行　浙江人民出版社（杭州市体育场路 347 号　邮编：310006）
　　　　　市场部电话：（0571）85061682　85176516
项目策划：考拉看看
责任编辑：王　芸　何英娇
营销编辑：陈雯怡　陈芊如
责任校对：杨　帆
责任印务：聂绪东
封面设计：元明设计
电脑制版：北京唐人佳悦文化传播有限公司
印　　刷：北京阳光印易科技有限公司
开　　本：710 毫米 ×1000 毫米　1/16　　印　　张：16.5
字　　数：146 千字　　　　　　　　　　插　　页：2
版　　次：2019 年 9 月第 1 版　　　　　印　　次：2019 年 9 月第 1 次印刷
书　　号：ISBN 978-7-213-09379-1
定　　价：59.80 元

中国企业家精神的极致

褚老走了，我很难过，发了一条微博：

每年褚橙飘香，必如期而至。褚老于我，如榜样，如兄长，更如挚友。喧嚣一生，刚硬沧桑，终归清净。但死而不亡者寿。送挚友，最后一程。褚厂长一路走好，天堂如今有好橙。

褚厂长以前说我这个人在基本感情上、基本看法上，和他比较一致。我是他的粉丝，他是我们这些企业家的骄傲。我多次去看他，其实我是去取经的。

企业家的尊严

褚厂长在玉溪卷烟厂的时候在全国是赫赫有名的，当时国产的云南烟价格已经超过了万宝路等洋烟的价格，能做到这一点，还是很扬眉吐气的。

那时候，玉溪卷烟厂的年税利达到上百亿元，万科的规模是年产值 30 亿元，人家一年上缴的税都比万科的产值大得多。但是真正让我印象深刻的是，他管理烟厂时的质量概念。烟农、烟田是第一生产车间，烟叶符合标准才进场。从引进种子到耕种、收获、烤制、分级，这个标准环环相扣，让我印象非常深刻。

后来的事大家都知道了，褚厂长入狱，而后保外就医，开始种橙子。我第一时间通过云南的朋友去见了他，第一次他不在家，第二次（2003 年）通过朋友安排去哀牢山上见他，他在山头包了一个 2400 亩的橙园，准备引水上山。去时，他正和一个老农讨价还价，要修一个水泵，老农开价 80 元，他还价 50 元。这样一个曾经创税百亿元的企业家在跟一个老农民讨价还价，这是我站在旁边看到的。他个子非常高，戴着破草帽，穿着破的圆领衫。

见面之后，他兴致勃勃地跟我谈橙园将来挂果子是什么情景。那时候橙苗刚栽上去，只有 60 厘米高。我就小心翼翼地问，什么时候可以挂果？他说得几年后。那时候他已经 75 岁，挂果得 80 岁了。我就反思我自己，70 岁的时候我肯定退休了，我从没有给自己设计退休后的生活，他对我的影响非常大。我的退休生活该怎么设计，应该说受到了褚厂长的影响。比如说我 70 岁之后，也许到戈壁滩上种庄稼了。

褚厂长最值得我们敬佩的就是他保持了尊严，这恰好是我们中国人现在真正需要的东西。企业家、工商阶层最需要的就是尊严，怎么独立、怎么尊重自己、怎么尊重别人，这是我从他身上能感受到的。

正是因为他保持着尊严，即使受到挫折，也能恰当对待自己、对待社会。实际上他出来之后，很多人都想帮他，但是他要证明自己，自己独立去做。褚厂长高龄创业，我以前说这是"中年的延长"，他创造的"褚橙"品牌让企业家看到了希望，这里蕴藏了很大的力量，这力量是工匠精神、独立人格、不断创新，是为社会贡献价值的企业家精神和尊严。

"文化大革命"以前，我当过兵、当过工人、当过干部、当过技术员，但这些都不是我选择的。

褚厂长所处的时代，岂止是商人，大家都是被决定、被安排的，这是整个社会的环境。褚厂长一直说自己是给国家做事情，70多岁后开始给自己做，给家族做。老两口到哀牢山是自己选择的，不是组织分配的，这10多年，自己说了算，实现了真正的经济独立，这是不是尊严？中国传统的工匠精神是把东西做好，他种的橙子有没有作为工商阶层最起码的尊严在里面？

褚厂长最值得我们敬佩的就是他保持了尊严，走过辉煌，落入谷底，又重新站起，触底反弹。

他一生创立了四个品牌，第一是玉溪牌香烟，第二是褚橙，第三是企业家精神，第四则是家族传承。中国的企业家能延续三代的并不多，因此才有富不过三代一说。前段时间，产品发布，褚家三代到场，除了马静芬大姐外，还包括褚家第二代和第三代。

他从政府官员，到一个大型国有企业的企业家，到做自己的家族企业，最后他的家族企业如何传承，也是需要他来面对的。他和他的家族很好地解决了这个问题。

挖掘企业家精神

很多人说，褚厂长之前做的是特许经营，随便从昆明街头找个人，给他一样的条件也能做得到。我不这样认为，几百家靠特许经营的企业，为什么褚厂长能和其他人不一样？

他以前管工业，现在是管农业，管工业的怎么把农业管好？这是不同的概念，和工人打交道，你发工资人家干活，不干活我还可以罚你；农民不能这样啊，很难控制得住吧？大家对病虫害都没办法，他能把果树的发病率从5%—6%降到1‰。我相信他管烟厂的能力，但这么多年过来，我还是非常好奇，他是怎么把管工业和管农业两种理念结合起来的？

褚厂长在哀牢山谱写出一位中国企业家的传奇，感染影响了几代人，其故事、传奇、精神值得书写、值得传承、值得发扬。

中国过去几十年取得了很大的成就，其中企业家的贡献很大，很大一批企业家成长起来了，他们也面临交接棒。现在中国的改革开放进入第五个10年，针对中国企业家的研究也需要加强，需要总结，需要传承。

每每回忆过往，会想起褚厂长常说的那句话："年轻人要有耐心，一锤子打不出一个结果。"

他起伏的一生，终归清净了。而年轻人和下一代，你们的未来，才刚刚开始。

2019年6月

企业家精神和价值究竟是什么

考拉看看团队这次推出这系列作品，邀请我写一篇序言，盛情难却，所以有了下面这些文字。

父亲离开已经有一段时间了，我们对他的怀念，需要用一些具体的东西来表达。我自己一直在思考，父亲的企业家精神和价值究竟是什么？这篇文章，算是我对此的一种表达，也希望可以给外界提供一些思考。

回顾父亲的一生，作为企业家，他不但有精神层面的东西，还有方法论，战略和战术。正因为具备这些因素，他才成了一位公认的优秀企业家。

专注解决问题

父亲是一个热爱生活的人，他之所以取得很大的成就，是因为他骨子里始终有一种不服输的劲头，总是思考如何解决问题。我在他身上看到了农业这个产业本身的可能性，以及他做事的一个特点，那就是"专注"。

我过去搞投资，发现在发展变化比较快的市场环境中，需要关注很多点，然后快速做出判断。

后来我发现，有时候一个人面对太多选择的时候，哪怕是一个天才，也会给自己制造很多错误的可能性，因为人的精力是有限的，如果对某一个点上的关注度不够，你的判断就不可能太客观、准确。

特别是在面对诱惑时，比如所谓赚大钱的机会，如果耐不住寂寞而动摇，事业很可能就会走向终结。人生和种花一样，需要修枝剪叶做一些减法。在这方面，父亲的思路十分清晰，内心十分坚定，所以他总能干脆利落地做出决策。

管烟厂的时候如此，后来种橙子也是如此。他每次站在土地上盯着树叶、树枝、树干、果子看的时候，眼神里都是专注。

专注就是要解决问题，做一件事必须专注度非常高，盯着一件事，然后把它做好。这是我在父亲身边一直留意他做事时学到的。我觉得父亲按天分来讲，并不属于天才类型的人。但是为什么他每做一件事都能成？关键就在于他的聚焦和专注，盯着一件事，把这件事做好，然后再考虑其他的东西。

在企业家圈子里很多人都认为，父亲从糖厂、烟厂到褚橙，都做得很成功，有一种经商的才能，体现了一个企业家的专业素养，体现了中国企业家的一种难能可贵的匠人精神，我想那就是用专业精神专注地将事情做到极致。

商业逻辑、战略高度和坚韧

总结父亲的经营管理之道，除了专注，我认为还有三点很关键：商业逻辑、战略高度和坚忍不拔的精神。

首先，他尊重商业规律，懂得商业逻辑，始终坚持经营的本质。父亲做过糖厂、烟厂，种过橙。别人都说他干什么成什么，并且都能做到行业第一。这也让很多人产生疑惑，为什么他总能做到？

道理说起来非常简单，老父亲一直在思考钻研企业靠什么赚钱，经营的本质是什么。企业要赚钱，是基本的责任所在，是商业专业主义的体现。一个盈利的企业，是对社会、员工、股东、合作伙伴最大的回报。活下来，并活得好，就是他办企业的基本逻辑。现在经常有新的商业模式出来，大家喜欢追风口，要做飞起来的猪。其实还要想一想，风停了怎么办？猪自己没有翅膀，不能飞，诸如此类追风口的企业有没有遵循基本的商业逻辑？企业靠什么赚钱？

老父亲干一行成一行，首先他的商业智慧就体现在他始终尊重商业规律，有商业逻辑。至于技术创新、组织管理、市场营销，这些都是技术层面的问题，可以慢慢地一个一个解决。经营不需要用那么多高级华丽的词来形容，本质上就是把企业持续做下去，为客户创造价值。

第二，他具有高瞻远瞩的战略眼光。这个说起来好像很简单，但是要做到并不容易。拉长时间来看，做好一件事，战略高度不仅需要有预判眼光，而且还考验企业家的把控力，需要有战略，有战术，有战斗力。

父亲从20世纪80年代后期便展现了他的战略思维，红塔山成功后，他在能源、医药、金融等板块的布局，为红塔集团带来巨大的经济效益和社会效益。

在年龄很大的时候，父亲重新选择在农业领域里创业，这个选择也是一个战略选择。农业和人们的衣食住行相关，人们也需要高质量的产品。当然，世界上没有相同的企业，不管是产业、产品、市场定位，还是领导力、企业文化，总会有不同之处。适合这家企业的战略规划、布局，不一定适合另一家。只有足够了解自己，才有可能在对的时间做出对的选择。企业家要懂自己的企业，熟悉行业，也就是要理解商业规律，才有可能具备战略高度。做到这点并不容易，也很少有人能够做到像老父亲那样极致。

第三，他具有坚忍不拔的精神。周其仁教授说，企业家精神就是解决问题的精神。在父亲的这一生，问题始终没有间断过，接受濒临破产的糖厂、烟厂，然后老年开始种橙，面对问题父亲始终有一种坚忍不拔的精神。问题越多，他越坚忍。

作为企业家也好，作为个人也好，遇到困难，是继续向前走，还是掉头回来？企业家就是要不断解决问题，当你解决了一个问题，接下来一定有更大的问题，如果没有，那就代表着停滞不前，甚至是在后退、走下坡路。所以，没有问题的时候，一定是危机来了。

我很欣赏一个词叫"痛快"。拆开来理解就是，只有经历很大的痛苦，才能感受到极致的快乐。

解决问题是让人痛并快乐着的事情，脚下路陡坡弯急，但向前一步的风光一定更美。父亲在困难面前一直坚持解决问题，这很多人都见识过。这是不认输、不妥协的倔强，也是千锤百炼后的强大自信。

坚持做好产品

我之前在金融业打拼多年，如今认真做农民，体会到了父亲在土地上踏实前行的心境。每次在基地看到大家热情工作，看到乡亲们不用远走他乡，而是一家团圆，都在果园工作，我为他们感到很高兴。褚橙基地现在有很多年轻人，还有很多老农人，其中有很多人跟随父亲创业直到现在，他们愿意在这片土地上干活，而且干得很好。可以说这片土地因为他们而充满生机，他们因为热爱这片土地而满载希望。

干农业其实说起来也简单，就是要坚持做好产品，搞好产品质量。父亲不去基地的时候，总会打电话给基地的作业长们，询问当天的温度、气候、病虫害等情况，他一定要做到心里有谱。在开会的时候，他的数据信息总是最精确的，有关企业经营的一切全在他脑子里。有人说他记忆力好，其实归根到底还是他在坚持解决问题，具有坚持搞好产品质量的理念。

农业这个行业，到目前还没有真正形成一个规模化、相对标准化的东西，或者说还处于爬坡上坎的阶段。标准化的操作体系，对农业来讲相对难一些，但是我觉得是可以做到的，而且会越来越好。一旦做到某种程度，我们的产业就能规模化发展。实现这一步还需要继续努力。农业是一个充满希望的行业，希望有更多人加入这个行业，也希望有更多用户可以消费到优质的农产品。

我希望我们的事业可以做得更大一些，有更多的资源进入这个行业，这个行业也需要多一些像父亲一样的企业家，不但能搞好企业，还可以帮助更多的农民脱贫致富，让更多的人重新回到土地上。

父亲一直坚持做高品质产品，一个一个解决问题，这既是管理经营之道，也是精神之力。这是我的理解，也是我和褚橙团队正在践行的理念。

坚持初心，回归本质，砥砺前行，做好一件事也就没有那么难了。

以上是我个人之见，也用来和大家探讨。

褚一斌

2019 年 8 月于云南褚橙基地

从过去到未来

中国改革开放进入第五个 10 年，本土企业家精神、企业经营与管理的总结正在拉开大幕。从过去到未来，都需要基本的愿力，需要传承。

（一）

"我们相信：世界上每一位 CEO、经理人和企业家都应该阅读这本书，每一位公司董事、顾问、投资人、新闻记者、商学院学生，每一个对世界最成功企业的出众特质有兴趣的人，也都应该阅读这本书。"

此处我们引用多年一直畅销的作品《基业长青》的序言里的这句话并不唐突。作为这套丛书的作者，我们同样认为，"我们如此斗胆声明，并非因为我们写了这本书，而是因为书中提到的公司和人确有很多可供借鉴之处，我们做了长期研究，写出这本书，就我们所知，没有人这样做过"。

在本书创作之前，我们对褚时健先生的研究时间长达8年，我们研究的持续性领先于任何一个研究褚时健先生的个人或团队。同时，我们也持续发布了我们的部分研究成果，比如《褚时健管理法》《褚橙方法》《褚时健传》，这些作品各有侧重点。现在的这套书并非这些成果的集结，而是用全新角度，披露了大量先前从未披露的内容。

贯穿我们研究和写作的中心问题是，褚时健先生将自己从事的每一项事业都做成了行业翘楚，到底是什么样的经营、管理和精神特质成就了这一切？

"褚时健经营哲学"这套书是考拉看看企业案例研究中心的代表作品之一。考拉看看企业案例研究中心的使命是致力于成为中国领先的案例研究中心，发现穿越时空并使企业和企业家保持长盛经营的治理原则。要实现这个理想，既要超越今天无数的管理理论，更不能被各种新颖时髦的概念迷惑。

随着研究的不断深入，我们看到周围诸多"创新""流行"的经营管理理论，但不少理论是新瓶装老酒。这大抵就是张五常教授所描述的，我们进入了解释时代，而真正的创新尚没有到来。

我们的研究之路并不顺利。虽然其中有各种管理经典的影子，比如绩效、全面质量、精益，而真正的挑战是，历史的架构并不能还原褚时健先生的经营管理思想。对研究者而言，要想研究他与生俱来的经营思想，必须打破过去的成见，建立全新的体系和语境。

如果说《基业长青》研究的是海外企业家的群像，那么我们这套"褚时健经营哲学"则是基于褚时健多次创业、持续成功所作的深度研究和总结。

时间如白驹过隙，中国过去 40 年涌现了一大批企业家，每位企业家都与众不同，经历类似褚时健先生的有之，但就其成功的独特性而言，中国唯褚，世界唯褚。虽不敢说后无来者，但肯定前无古人。世界上成功的企业和企业家屡见不鲜，但是持续成功，并在多领域成为行业翘楚的却寥寥无几。

（二）

2022 年，《哈佛商业评论》将迎来它的 100 岁生日，这本以管理理论与实践见长的权威期刊的重要内容之一，是世界上各大知名公司的管理探索。然而，在这一超越国界的管理研究舞台上，东方企业和企业家管理思想在过去相当长的时间里却没有被过多关注。

2002 年，中国某家出版社看到，"经过 20 年改革开放，中国与西方国家的差距正在逐步缩小"，"中国经济正与世界接轨，但中国企业的管理水平和竞争力与发达国家相比，仍有相当大的差距"，遂决定引进这本杂志。

2018 年，我们开始纪念中国改革开放 40 周年，此时中国已成为全球第二大经济体，从德鲁克、波特到稻盛和夫，西方和东方邻国的管理思想紧随中国经济步伐，几乎成了中国商学教育的必谈话题，而我们的本土智慧才逐步浮出水面。

中国企业家缺乏思想吗？显然不是。我们非常欣喜地看到，随着中国经济的发展，中国企业家群体正在成型，企业家精神正逐渐凸显。

中国经济的辉煌成就从何而来？在中国制度创新之下，企业家用行动响应了国家的号召。那么，在共同的起跑线上，领先的企业家究竟因何领先？

这是我们关注的焦点。尤其是其中领先者，褚老当然算是标志性人物之一。

（三）

过去数年，我们一直致力于企业管理的研究。我们组织各方力量组建了考拉看看企业案例研究中心，陆续跟国内一流机构联合设立研究机构，希望发掘并记录中国企业家思想和精神，推动这些思想和精神实现更大的普世价值。

　　研究企业家的精神与思想是一个独特的命题，日本和美国学者在企业研究方面均建树颇丰。不过若将这些国家的企业研究经验放到中国企业家群体身上，我们发现并不完全适用。对中国企业和企业家的研究在范围和方法上面临着新的挑战。挑战来自两个方面：一是中国多数成功的企业家行事低调，深入接触他们并不容易；二是如何在呈现其思想精髓的同时兼顾外部环境的反馈性影响，我们还在摸索。

　　所幸经过多年积淀，我们已经找到一些比较好的平衡点，并且形成了以下三点基本认识。

一、中国经济进入新场景，迫切需要针对企业家精神和思想展开系统研究

　　企业强则国家强。在推动中国经济的发展中，企业起着越来越重要的作用。对于这样一支重要力量的特点模式和经验启示，需要集中力量去研究，尤其是在中国经济进入新场景后，更需要形成中国自己的企业经营思想。

　　中国经济正在转型升级，这40年来，中国的企业家多数是摸着石头过河。东西方企业家除面临的市场环境不同之外，最大的不同则在于"出身"，中国企业家几乎都没有经过系统的商学教育，市场就是他们的战场和

课堂。

中国企业家几乎都是从实践中走出来的，是干出来的，而我们针对企业家思想的梳理又相对落后。管理学家和企业家一直在为此努力。

当下，无论是美国还是日本，对本国企业的研究有丰富的经验和历史的传承。哈佛商学院企业史研究和教学在 1927 年就已经开始，这也是美国企业史作为独立研究领域的发端。

中国站起来了，企业家的能力也更为强大。中国企业家走向中国改革开放第五个 10 年，而企业经营与管理的总结才刚刚开始，它既迫切又充满挑战。

二、富强自信的中国需要有自己的企业史和企业治理思想

2018 年是中国改革开放 40 周年，2019 年是中国改革开放第五个 10 年的开端。历经过去 40 年的发展，中国经济总量成为全球第二，中国企业家成为全世界最有影响力的人群之一。

按照全球 500 强的席位和中国经济体的成长轨迹，无论如何，中国特色企业治理形成的中国模式，在全球企业治理的优秀思想中，应占有重要席位。

目前，中国企业家思想的研究可以说是支离破碎，

既缺乏标准范式，也没有形成积淀和规模。因企业和企业家在推动社会经济发展中的重要地位，企业史和企业家思想的研究必然成为日益受关注的一个领域。

以史为鉴，富强自信的中国需要有自己的企业史和企业治理方法。在 GDP 的硬实力跑道之外，中国企业的管理思想是软实力的重要体现。

三、企业家既需要创造财富，也要进行精神传承

我们一直在探索，什么是中国的企业家精神？这种推动企业家前进的能量是如何形成一种思想体系并惠及更多人的？我们如何传承企业家精神和思想？企业家在创造物质财富的同时，对于管理的探索所形成的体系如何分享给大众？

创造管理思想的通常是两种人：管理学家和企业家。历史经验表明，管理学家更多是企业家思想内容的提炼者或观察者。

惠普联合创始人威廉·休利特回忆道："回顾一生的辛劳，我最自豪的，很可能是创设一家以价值观、做事方法和成就，对世界各地企业管理方式产生深远影响的公司；我特别自豪的是，留下一个可以永续经营、可以在我百年之后继续作为典范的组织。"

事实上，任何公司和组织都有生命周期。科学管理

原理之所以能穿透时空，长盛不衰，关键在于这种方法论可以在全新土壤里生根发芽、行之有效。

当下，正值中国企业家传承交接关键期，相比财富的交接，中国领先企业和企业家精神、思想的传承更为迫切、重要。

（四）

中国企业波澜壮阔的发展历程和企业家跌宕起伏的生存进化为我们的研究提供了深厚的土壤，同时中国企业和企业家面临的诸多现实问题也为我们提出了全新的课题和挑战。

应时之需，管理学家、企业家和研究人员面临更为烦琐的研究挑战。我们针对褚时健先生的研究已持续多年，十分重视其具有普世价值的管理理论的总结和梳理。

结合当前深化改革的现实需要，密切关注中国企业和企业家思想的记录、研究与分享，在新形势下，我们迫切需要建立起一个中国企业和企业家思想研究的示范框架。

从中国企业发展的现实需要出发，探索其历史经验；从企业家的经历出发，记录其成长历程，探索企业家精神与思想。我们研究和记录的是企业家的智慧和经验。

"褚时健经营哲学"研究的是在中国影响众多企业家

的企业家褚时健。

未来学家阿尔文·托夫勒说，生存的第一定律是：没有什么比昨天的成功更加危险。如果他和褚时健对话，也许就会改变其观点。褚时健数次经历无比凶险的困境，但却一次又一次获得成功。

饥荒岁月，褚时健曾一枪打到两只麂子，他称其为运气。而其后的成功却显然不是靠运气，而是靠一种科学的决策和管理方法。我们一直好奇这种方法是他与生俱来的还是经过后天训练而成的。

在褚时健的管理实践中我们发现了泰勒的科学管理方法和丰田精益管理等各种管理方式的痕迹，而他本人却从未接受过这方面的专业管理训练。实际上，他的管理实践超越了先前某些学院派和企业派。换句话说，褚时健就是褚时健，他的方法自有特色。

很高兴可以通过这套书分享我们的研究成果。我们发现了诸多与众不同的经营法，且这些方法已经帮助相当多的企业获得了成功。当然，我们必须承认，我们所有的研究都来自褚时健的实践，这种实践正随新环境的变化而发生变化。我们希望提供一种可供商学研究分享的范式，作为褚时健成功经营思想的总结和传承。

目前商学教学模式主要有两种，一种偏重理论，一种偏重案例。前者首推芝加哥大学，后者以哈佛大学最具代表性。相对而言，案例教学更多地被商学院效仿。

如今，中国的企业案例研究突飞猛进，但自主创新方面才刚刚开始。

此时，我们又想起了多年前那位引进《哈佛商业评论》杂志内容的编辑说过的话，"中国企业家和管理者的学习任务十分繁重，其中，理念的突破、技术与管理的创新是关键"，引进这些内容，"就是让中国企业界和管理学界的读者们，能够有机会读到世界级管理权威们的原创作品，并通过了解和掌握这些前沿的理念和方法，在实践中探索和总结自身的经验教训，走出一条中国企业的快速成长壮大之路"。

此种希望，也是我们今天推出这套作品的想法，而与那时的不同之处在于，我们致力于中国本土领先企业家管理智慧的挖掘与分享。

考拉看看企业家案例研究中心

2019 年 6 月

怀念褚老并向他致敬

这是褚老离开后，我陆续写的文章的节选，代为自序。还有一些内容的节选，放到了本书的最后，作为本书后记。

（一）

2019 年 3 月 5 日下午，收到褚老仙逝的消息，心情无法形容，就是难过。

上一年有人造谣说褚老去世，多希望这又是一次谣言！再看去年写的《褚时健传》，恍如隔世。

其实很少人可以走过 91 年的时光，老爷子这一生跌宕起伏，苦累欣喜都有，足够精彩。上一年他刚刚完成交接班，如今也算是一种休息吧。

他曾说想把褚橙规模做到年产 5 万吨，树种下去了，正在茁壮成长，我想他肯定在另外一个世界也能看得到他的愿望得以实现的场景。他懂得和树说话，树也相信他，所以他可以解决那么多关于果树的问题。

周其仁教授曾拜访褚老，他后来评价道："解决问题是他的生命。"这是一语中的的评价，我认识和了解的褚老痴迷思考，并且这些思考都针对所面临的现实问题。可以说，褚老脑子里面总是装着问题，总是在不停思考，即便是在生命的最后时光。

也许他天生敏感，所以总是可以找到解决问题的方法，我认识他这 8 年，他一直在处理各种问题。有一年果子品质下滑，他很难过，为了提高品质，他寻找各种解决方法。最后，为了解决这个问题，他砍了很多树，很多人不理解，但相信他。后来事实证明，他是对的。

老爷子确实是新时代的匠人，胸怀大爱，不单解决自己的温饱，也照顾团队的冷暖，早年跟着他开荒的人没有挨饿；后来他去酒厂、糖厂、烟厂，跟着他的人的收入也逐渐提高了，生活改善了；晚年种橙，周围的农民都很感谢他，褚大爹是他们的天。

金杯银杯，不如老百姓的口碑。

褚老热爱生活，无论什么时候都充满激情，小时候在河里摸鱼，晚年喜欢逛菜市场，买菌子。他的云南口音很重，我最喜欢听他说"我就是要把问题改觉了（解决了）"。他说到做到。

越是接触老爷子，越会认为他的企业家形象有别于大多数企业家。他在谷底时不气馁，在取得巨大成就时，依然痴迷于专业问题，不断探索提高产品品质的方法，他一直用实际行动把企业家精神展现得淋漓尽致。

第一次与褚老见面，我想他关心农业，便给他带了北京嘉博文公司生产的有机肥，他和马老（马建芬女士，褚老夫人）都很感兴趣，聊完天，他们就着手安排拿这个肥料做试验。这是对专业的认真。褚橙的品质和他的投入直接相关，褚老从来没有停止对橙子品质提升的研究。

百闻不如一见，我一直觉得自己比很多记者朋友们要幸运很多，因为我有很多机会接触到褚老。但从现在起，我又与大家一样，成为同样失去褚老的人。以后，褚老只能活在我的记忆里，他的音容笑貌，最多只能通过往日的视频来回味，只能靠文字、想象和回忆去揣摩。

我曾在很多个夜晚梦到和他聊天的情景，往往醒来后一夜无眠。

对于研究褚老的学者，迄今为止我最佩服的就是周其仁教授，他谈道，企业经营和企业家精神的本质，是必须卓有成效地解决问题。

那么，褚老究竟是如何解决问题的呢？同样的问题，我每次见面都会问，他的答案也从来都没有改变过，他说自己就是想把事情做成。

他会一直琢磨一个问题，直到解决它。这既是术，更是道，大道至简，褚老就是一个持续解决问题的人。

他说："天道酬勤，不勤快的人在任何时候也不会有好结果。人间正道是沧桑。人有顺境逆境，情况不好的时候不要泄气，情况好的时候不要骄傲，做人才能长久。"

（二）

2019 年 3 月 5 日，褚老永远离开了我们。当天下午我接到消息，悲痛万分，不愿相信；6 日凌晨 3 点，我和考拉看看的联合创始人、出版人马玥从成都赶到玉溪殡仪馆，我们在门外久久沉默，悲伤不已。

灵堂诵经声中，褚老离我们那么近又那么远。他安详如睡着一般，我们数次见面，而这一次却是永别……出门寒风起，雨突然如豆下，泪已如泉涌。

褚老是对我影响至深的人，我因他而改变了人生轨迹，我们第一次见面从谈论肥料开始，后来我辞职参与褚橙的销售和推广，然后又和内容团队考拉看看一起，持续多年研究他的管理、智慧和精神。这是一套纪念他的作品，也是我们希望传承他的企业家精神和智慧的作品。

褚时健：管理至上

　　这套书数易其稿，定稿前夕，我们和褚老天各一方，不能相问。按原计划，3月下旬我们赴滇，请他审阅，而今只能留下永远的想念。

　　褚老是影响企业家的企业家，研究褚老的人很多，但是我可以非常自信地说，我们的研究既有独特性，也有领先性，截至目前其可借鉴性没有超越者，但我希望以后有团队可以超越。

　　我们是褚老二次创业的研究者、见证者和参与者，也是研究褚老时间周期最长的团队，目前公开出版的《褚时健传》（李开云、张小军著）、《褚时健管理法》（张小军、马玥著）、《褚橙方法》（张小军、熊玥伽著）等多部作品已达数百万字，而我们这套作品研究的重点方向是管理、经营和干法。

　　褚老的企业家精神之一是面对不确定性的笃定和坚毅。企业家精神之外，从操作层面来看，就是管理、经营和干法。

　　我们持续的研究所得之一是，无论在什么样的经营环境中，每一个经营者都面临许多问题，而解决问题的能力决定了经营的半径。褚老取得一个又一个新业绩的同时，依然面临种种困难，从来没有所谓坦途的时刻。

　　所有的成功都有迹可循，大道至简，学习是路，褚老的经营和管理之道，适合各个领域的人学习。

　　我们希望这套书可以让你得到一些东西，经营没有止境，无论我们成功与否，都需要持续学习。当你打开这套书的时候，我想你已经开始了一段全新的学习旅程。接下来你会看到褚老智慧的真谛，既关乎思想也在于技巧，这都是我们长期研究的成果。我们坚信，只要你领略其中一二并付诸实践，小治则有改变，大调则脱胎换骨。

最后必须说明的是，完成这套书的写作，是我的心愿，更是一群人的共同努力，这里面既聚集了专业的研究者，还包括数位畅销书作家及褚老家族的成员。

这套书是我和考拉看看多位作家联合创作的，而真正的作者应该是褚老本人，我们不过是一群搬运工或者说观察者和见证者。

关于这套书，我们希望分享的是褚老的企业家精神、使命感和奋斗不息的勇者激情，不忘初心，矢志奋斗。

我们坚信，每个人都可以学习书中的精神和方法，而且可以变得更好！

感谢褚老，感谢我所有的搭档！

感谢所有的参与者！

感谢读者！也欢迎大家给我提出意见，邮件请发送至我的个人邮箱24973558@qq.com。

张小军

2019 年 5 月

于云南玉溪、成都考拉看看图书馆

目 录

褚时健的管理有何不同

（一）

现在的中国正处于经济转型的关键时期，企业家们到底应该如何经营企业、管理企业，是一个值得深入探究的问题。褚时健先生的经营管理智慧或许会给我们带来一些新的启发，通过他的企业管理经验，我们试图总结出他的一套经营管理体系，如果用一个词总结的话，我们觉得应该是——管理至上。

中国现代经济发展史是一部企业家的创业史，许许多多的企业家用他们的努力，造就了改革开放40多年来中国经济发展的奇迹。褚时健就是这些优秀企业家中非常突出的一员，王石称他为"影响企业家的企业家"。若提到中国经济的某些节点，"褚时健"一定是绕不开的名字。

1928 年出生的褚时健有着传奇的人生经历：在他 15 岁时，他的父亲去世，为了扛起家庭的重担，他不得不离开学校回家劳作。因为抓住了机遇，后来他幸运地得以继续学业，去了位于昆明的富春中学读书。解放战争期间，他积极投身革命，由于工作表现突出，被任命为连队指导员。解放战争结束后，褚时健当上了昆明市华宁县盘西区的区长。在"反右"运动中，他被打成"右派"，送到农场劳改。他在跌入命运谷底时并没有灰心，并以杰出的工作表现被调到戛洒糖厂当副厂长，在全行业几乎都处于亏损状态的时候，他领导的镇办糖厂却获得了 30 余万元的净利润。1979 年，51 岁的褚时健又被调到玉溪卷烟厂当厂长，此后他创造了一个经营奇迹，将一个濒临破产的小厂变成了亚洲第一的烟草集团。1995 年，他从巅峰跌入谷底。直到 2001 年，他获得保外就医的机会，在所有人都以为他会安度晚年的时候，他却借钱承包了几千亩荒山种橙子。现在，他所创建的"褚橙"已经红遍全国各地，他的经营传奇也被广为传颂。

（二）

在事物发展的过程中，会出现各种各样的矛盾，但是每个阶段肯定有一种并且只有一种矛盾是处于关键地位的，这种矛盾也被称之为主要矛盾。

褚时健的创业故事告诉我们，一个企业要想得到长久稳定的发展，必须抓住企业经营过程中的主要矛盾。正因为他一直力行这一点，所以他的历次创业均取得了令人瞩目的成果。

在玉溪卷烟厂时期，当时卷烟厂的工作重心就是提高烟的质量。当设备满足不了企业的需求时，他毅然决然地引进新设备，并且用他缜密的管理思维，判断出先进设备可以提高企业的产量，同时也让企业有了生产高档烟的条件，这为卷烟厂后来的发展打下了极佳的基础。

在褚橙时期，他在提升产品品质的基础上，还根据自己的人生经历，打造了"励志"的产品标签，使褚橙迅速崛起，在市场上甚至出现了一橙难求的景象。

如果将时间维度再拉长的话，我们可以将褚时健抓住主要矛盾的方式总结为三大块：一是把人当人看，尊重员工，尊重人才；二是制度是最好的管理，只有在制度完备的前提下，才能做好管理；三是提高企业的执行力，促使每一位员工发挥自己的主观能动性，这是管理的关键。

下面我们从这三个方面来回顾他的创业历程，帮助大家更好地了解褚时健的经营管理方式。

管企业就是管人

从现代管理的角度来看，对人的管理是最根本的管理。对于管人的重要性，褚时健早就认识到了，而且他还用一种更加朴素的语言表达出来，那就是"把人当人来看"。

1979 年，褚时健刚到玉溪卷烟厂时，厂里的情况十分糟糕，因为长期以来烟厂工人待遇不高、居住条件恶劣、工作环境差等原因，工厂工人人心涣散。所以当时褚时健做的第一个决定就是改善工人的居住环境，他用厂财务部清算出的 100 多万元，给职工盖了 3 栋共 72 户的宿舍楼。这一举措迅速得到了工人们的拥护，风雨飘摇的卷烟厂开始迎来了转机。

除了尊重员工，褚时健还有三个管人的窍门。

一是公正用人，抓住人心。褚时健认为，一个优秀的企业领导，不懂经济管理不行，而光懂经济管理也不行。作为企业的负责人，怎么识别一个人的长处，并使其发挥出来就显得非常关键。

二是大力任用有才能的人。褚时健到玉溪卷烟厂的时候，仍然属于政策比较敏感的时期，对于很多出身不好的人，很多领导都不敢任用。但是褚时健采用的方式却截然不同，只要这个人有能力，他就敢用，当时他提拔的一名工程师和一名车间主任的身份就比较敏感，但后来他们都成了工厂里的优秀员工。

三是在困难面前以身作则。褚时健大胆创新，向省里争取建立把烟草公司、烟厂、烟草专卖局合并一处的"三合一"体制，在这一过程中遇见的最大问题就是人心不齐。褚时健坚持以身作则。比如，合并前的领导出差时要求坐之前公司提供的高档车，而不愿意坐合并后较差的车，褚时健就以身作则，无论车子高档还是一般，有什么车就坐什么车。

英国学者理查德·道金斯在他的著作《自私的基因》中写道：生物进化的单元或层次确定于基因。他用伦理学的语言揭露，自私是基因最基本的特性。

褚时健管理员工的诀窍在于尊重人的这一特性。在一次采访中，他谈到褚橙为什么会成功时说："管理果园和管理烟厂一样，首先要考虑员工利益，不让他们吃亏，事情就好办。"

褚时健用这套方法管理公司，不仅促进了公司业绩的稳步增长，也得到了下属的尊敬和支持。在他开始种植褚橙时，他的起步资金正是来自于他的老下属。

制度是管理的基石

日本的"经营之神"、松下电器创始人松下幸之助在接受采访的时候说："我经营的唯一方法是经常顺应自然的法则去做事。"他的经营秘诀就是没有秘诀。

这正是老子所说的"无为而治"，但是想要做到这一点，就必须设计好完备的制度体系，这个体系也正是松下幸之助所说的"自然的法则"。如果没有健全的制度，那很有可能会"画虎不成反类犬"。

褚时健的管理天赋表现在制度标准的设计上。如果对他在玉溪卷烟厂的工作进行总结的话，他主要建立起了三个方面的管理体系，分别是生产管理、质量管理和营销管理。正是这三大管理体系的成功运行，才有了玉溪卷烟厂的辉煌时刻。

享誉全国的褚橙更是证明这一制度标准的绝佳案例。过去农户种植橙子的方式基本是凭借自己的经验，什么时候栽种、什么时候施肥、什么时候浇水等都没有统一的标准。但是褚橙的种植却颠覆了传统的种植模式，经过褚时健多年的总结，他将种橙的所有要求都用数字化的方式呈献给农户，大到果树种植的株距行距应该是多少，小到平均一个橙子要有多少树叶来搭配，等等，这些在褚橙种植基地都有着具体的要求。

褚时健对这一套制度进行了强力地推行，他不厌其烦地向农户讲述具体的种植方式和其中的科学道理，并配行了一套精细到农户个人的奖惩制度。

中国经济经过了几十年的飞速发展，经济体制也变得越来越完善，在这样的前提下，当下的企业管理者们需要更加重视企业管理流程的标准化，进一步完善管理体系，像褚时健那样将每一项规定落到细处，落到实处。

执行力是成功的保障

了解了褚时健的多个成就之后，很多人都会产生疑问：由于时间和精力的原因，绝大多数人哪怕仅仅扎根于一个行业，都难以取得太大成果，而褚时健从事了好几个行业，种烟被称为"烟王"，种橙被称为"橙王"，在各个领域都取得了让同行仰视的成绩，他是怎么做到的呢？

我们觉得这和他尤为重视企业的执行力是不可分割的。

褚时健是一位"精算师"。这是十分符合他个人性格的一个比喻。中国管理学教授陈春花说，从管理学的角度看，"精算师"可以被解读为一位"管理科学家"。

100多年前，泰勒提出了科学管理的理论，他认为科学的作业流程可以带来效率革命。而褚时健所采用的正是效率实践的方式，由于科学执行，导致了效率释放，进而保障了产品力和价值链等经营要素。

美国知名经济学家保罗·托马斯和大卫·伯恩，在长期跟踪企业之后，提出了一个观点，他们认为企业成功20%靠战略，80%靠执行力。

为了提高企业的执行力，褚时健不仅采用了科学管理的方式，还采用了新的利益联结机制发挥员工的积极性。企业员工对自身利益的关注往往高于对公司利益的关注，所以在很多企业里往往存在员工工作能力差、工作态度消极的问题。在这种情况下，哪怕企业的管理者再高瞻远瞩，企业的决策也只能落于纸上，很难付诸实践。新的利益联结机制很好地解决了这一问题，在褚橙庄园，农户既不属于个体种植者，也不属于企业员工，如果要用一个词形容的话，"合伙人"的角色可能更为合适。

按照管理学方式界定，如果农户是公司员工，那么他们的工资构成应该是"基本工资＋提成"；如果农户是个体种植者，那么他们承包片区要出钱，没有权利获得企业给予农户的补助费用。而采用"合伙人"这种新的利益联结机制，给了农户最合理的利益空间，同时公司也获得了足够的控制权。不得不说是褚时健的一大创新。

除了上述这些，褚时健还用了一些其他方法来提高企业的执行力，比如向个体赋能等。

简而言之，上述三点是我们总结褚时健管理之道的关键，也是他在创业过程中推动企业快速建设及发展的智慧结晶。

（三）

我们研究褚时健的管理之道有着重要的意义。

首先，巴顿将军说过："衡量一个人成功的标志，不是看他登到顶峰的高度，而是看他跌到低谷的反弹力。"经营企业是这样，我们每个人的人生历程也是这样。褚时健用他的经历很好地诠释了这句话。这也是我们探寻褚时健经营之道最大的收获之一。

其次，褚时健的经历一直在提醒我们，真正的企业家是做出来的，而不是空谈出来的。就像诺贝尔经济学奖得主弗里德曼说过的那样："企业家只有一个责任，就是在符合游戏规则下，运用生产资源从事利润的活动。"所以少些空想，多踏踏实实地做事才是我们该做的。

最后，褚时健有着属于自己的时代价值。经营企业就要跟许多复杂的问题打交道，这是每个企业家都避免不了的问题。作为中国第一批企业家的他面临了许多我们现在想象不到的困境，即使经历几次起伏，他仍然能够创造一个又一个成功，这是非常值得我们尊敬的。对这个时代而言，褚时健的背影必将不断远去，但围绕其经历的很多思索都是值得回味的。

接下来，让我们一起走进褚时健的管理世界。

第一部分

把人当作人来看待

很多人好奇，为什么褚时健能够在烟厂工作期间管理好工人，又能够在种植褚橙期间管理好农民？有人称他是人性大师，他的管理是管人性。其实，褚时健在管理方面的智慧在于他始终将人才看成是企业发展的永动机，他的管人性，是将人当成真正的人来看待。

褚时健有一句话叫作："关心人，真正做到首先把人当作人来看待。"

这不是一句空话，在种植褚橙期间，他很关心农户的收入，过去当地农户年均收入不到1万元，现在每家农户年收入能达到10万元左右。

想要管理好一家企业，首先要管理好人。在这一点上，做了一辈子企业家的褚时健很有发言权。从管理糖厂到管理烟厂，再到管理褚橙基地，褚时健总能将人心涣散扭转为万众一心，因为他拥有一套独特的管理人的秘诀。

在现代企业管理中，企业多数把人分成四类，第一类是"工具人"，将人视为和机械一样的被动性的生产工具；第二类是"经济人"，一切以经济效益为先；第三类是"社会人"，这些人无论是管理者还是被管理者，都是企业这个"小社会"中的一员，归属于集体；第四类是"决策人"，是现代管理中对人的认识，即把人首先当作人。在褚时健看来，企业要选第四种人。

褚时健认为，无论是管理者还是被管理者，他们都是不同层次的决策者，更为重要的是，他们的决策都是为了达到共同的目的。不仅个人要依赖团队，团队的存在和发展也依赖个人自主性和创造性的发挥。个人具有自主性和个性，企业要让个人的才能得到最充分的施展。

企业的"企"字，上面是"人"，下面是"止"，意为它是一项始于人、止于人的事业。

可以说，管理的中心是"人"。美国管理学大师彼得·德鲁克曾说过，管理首先是人的管理，如果将人的问题都解决了，那么管理的很多问题也就迎刃而解了。

第一章

让工人把工厂当家，先把工人当人

不关心工人痛痒的厂长不算是个好厂长。①

——褚时健

---

① 李开云，张小军.褚时健传 [M].北京：石油工业出版社，2018.

褚时健曾这样说道：“人才，人才，人是其核，只有抓住人的心，才能发掘人的才。”这个观点，在他刚到玉溪卷烟厂的那天就在他心底生根了。[1]

员工的人心是什么？是一种价值观和价值取向。企业也有一种价值取向，这种价值取向就是企业的经营哲学。褚时健信奉“把工人当人”，这不只是口头上的一句话，而是他用一生的经历总结出来的管理体验，褚时健认为一个好企业应该解决员工的后顾之忧，这才是企业长存的根本。

---

[1] 夏忠华. 管理出效益 [M]. 北京：企业管理出版社，1996.

工厂是家

褚时健尊重工人，在他管理烟厂和去哀牢山种橙期间，都有很多这方面的案例。在他的管理中，时刻都能看到以人为本的痕迹。

1979 年，中国开始拉开改革开放大幕，褚时健与玉溪卷烟厂的缘分也始于此时。他接受上级的调任，到玉溪卷烟厂当厂长。与当时国内很多企业一样，彼时的卷烟厂规模小，设备落后，且厂里派系斗争严重，员工人心涣散。[1] 他曾回忆刚到玉溪的情景："破旧而杂乱的房屋，坑洼不平的路面，工人们呆滞的目光和灰暗的身影。厂区大部分房屋是用土坯建的，因为年久失修，放眼望去一片萧条。"[2]

到玉溪的第一天，厂里给褚时健安排了一间 14 平

---

① 褚橙是一种境界 品尝的是精神 [J]. 北京农业，2014（35）：58-60.

② 先燕云，张赋宇. 褚时健：影响企业家的企业家 [M]. 湖南：湖南文艺出版社，2014.

褚时健： 管理至上

方米的砖砌平房，里面只有两张高低床和一张旧木桌子，褚家一家四口，妻子马静芬和女儿睡下铺，褚时健和儿子睡上铺。后来他向厂里申请了一间28平方米的房子，因为小，房间放入锅碗瓢盆和床之后，就没有多余的空间了。

作为当时的厂长，褚时健的住宿条件尚且这样，可见整个玉溪卷烟厂的条件也不容乐观。一上任，褚时健率先挨家挨户走访员工，进入员工家庭，深入了解每个员工的生活。工人很辛苦，收入低、条件差，住房十分紧张。因为土坯房数量有限，只能把一间隔成两间，一间28平方米的土坯房，一般是两个人或者两家人挤在一起住。有位老工人甚至一家三代都挤在一个小土坯房里，异常拥挤。职工们常常开玩笑说："这边的孩子撒尿，就冲到那边的床上了。"不仅住宿条件艰苦，有的员工穷得连保温水壶都买不起。褚时健时常看到职工自带一个瓦罐，在下班的时候用瓦罐接一罐热水带回家。而全厂有1/3的员工家庭都是这样的生活条件。

褚时健看到整个工厂职工的生活条件后，心里很不是滋味。虽然自己的住宿条件也相当艰苦，但想到工人在工厂辛苦工作，工资还不够维持他们基本的生活时，他心痛不已："不关心工人痛痒的厂长不算是个好厂长。"于是褚时健暗下决心，一定要率先解决员工的住房问题。在他看来，工人在企业为国家工作，企业就应该要给工人基本的生活保障，这不仅为了企业的发展，更是企业的基本道义。①

1980 年，褚时健在全厂职工代表大会上向全体工人承诺，在半年内为厂里的一线工人修建 3 栋公寓，由副厂长亲自负责建房的事。承诺一出，玉溪卷烟厂的全体工人都沸腾起来了。但仍有很多人表示怀疑，以前的厂领导就是只说空话，而且建了房也是先分给领导及其亲信。他们以为褚时健也是一样，并不相信他。

然而，让工人们没想到的是，没过几天褚时健就找来一支农民建筑队，他们都是附近村庄的农民，老实忠厚，做事麻利，仅用 4 个月的时间就盖好了 3 栋楼。褚时健没有食言，房子盖好了，72 户一线工人住进了新房。

此次为烟厂工人盖房，褚时健一举赢得了烟厂职工的信任，接下来的十几年里，厂里一直在给工人盖房子。从 1990 年起，玉溪卷烟厂先后又建了 60 多栋职工宿舍楼，厂里的单身青年只要结了婚就能分到 37 平方米的套房，人均住房也由原来的 4.5 平方米增加到 10 平方米。在褚时健担任厂长期间，一共为工人盖了 5000 多套房。

多年后他在一篇文章里回忆说，当时分到房子的工人欣喜若狂，有人跑来对他说："领导心中有'人'字，

① 张奕，江南. 勇者激扬：褚时健传 [M]. 北京：九州出版社，2014.

我们心中就有'家'字，工厂就是我们的家。"朴实的话语道不尽的是工人心中的感激之情，这份感激最终化成动力，他们跟随褚时健一起将不知名的小烟厂带向了国际舞台。

现在在褚橙基地，公司为种植户提供住房，还有小块菜地可以让他们种植蔬菜，这些措施从基地初建时就开始配套执行了。有些种植户种上了各种绿植，也有人养了一些鸡，家在基地中，算是家企合一。

解决职工的后顾之忧

褚时健在管理烟厂的时候，把"第一车间"设立在田间，在管理褚橙的时候，也和种植户打成一片。大家都相信他可以解决问题。

在玉溪卷烟厂做厂长的十几年，褚时健心里想的只有两件事：一是提高工厂利润，让工厂赚钱。二是提高职工生活水平，切实解决职工的后顾之忧。

褚时健不仅为职工解决住房问题，还考虑到了工人子女的教育问题。他建起了可容纳300多个孩子的幼儿园和厂办学校，厂里职工的孩子可以从小学一直读到高中。玉溪卷烟厂不仅建学校，解决工人子女上学难的问题，而且非常重视学校的教学质量，努力为他们创造一个便于学习和休息的良好环境。

1984年，厂办学校希望从烟厂借30万元盖教学实验大楼。当时学校学生日渐增多，学生数量已经有1500人，而教师工资低，流动性大，并且教学设施不全，没有一个像样的教学实验室，因此想从烟厂借钱建一栋实

验大楼。褚时健二话没说，当即让人拟定 60 万元的支出
计划。他对学校负责人说，不仅要盖楼，还要给教师盖
宿舍。在这之前，厂办学校的高考升学率很低，而自从
1985 年后，厂办学校不仅建起了实验大楼，还引进了一
大批内地城市的优秀教师，充实了学校的师资队伍，升
学率也逐步提高。

同时，褚时健也为丰富工人们的物质生活下了很多
工夫。褚时健管理玉溪卷烟厂期间有一个有名的"名烟
串换"案例，其中就有他为改善工人生活而做的串换。
当时云南肉食供应不足，职工食堂很难见到肉，而四川
粮食富足，猪肉过剩，褚时健就想到用厂里的香烟和四
川烟草公司换火腿，烟厂再把火腿低价卖给工人，这样
工人就能吃到肉了。

解决了最基本的生活条件，褚时健还不满意，厂里
的利润年年攀升，他想着要提升职工的生活品质，于是
他在厂区修建了花园，做绿化，引进闭路电视频道，修
沐浴室，建中西医俱全的职工俱乐部，丰富职工的业余
生活。玉溪卷烟厂工人的实际问题和福利每年都在提升，
职工宿舍也接连不断地盖，厂里工人有房了，收入高了，
生活水平好了，也有姑娘愿意嫁到玉溪来了。

褚时健的这一系列举动使烟厂的职工有了归属感，
让工人感受到了自己的主人翁地位，同时这也抓住了职
工的心。因为厂里所有的这些福利已经基本满足了一个

人的生活。自己有房，孩子可以就近上学，还有各种生活娱乐，用现在的话来说，这已经是一个小型的商业圈了。

后来褚时健搞果园，开办之初，原来农场留下来的农户不到 20 户，几年以后，一拨又一拨的农户抢着要进入果园。农民们拖家带口来到果园，都是互相介绍或推荐来的，投奔这里的原因很简单，大家的土地、房子、树苗、肥料都是公司出，每个月还有生活补助，大家的收入一直在增长。①

---

① 张小军，熊玥伽. 褚橙方法 [M]. 南京：江苏凤凰科学技术出版社，2015.

关怀与平等

一个好的企业管理者，不仅要做到把企业办好，更重要的是要让员工越来越好。如何让员工和企业同时进步，这就需要员工和企业拥有相同的价值观。员工做事，企业做人，重视员工的精神需求，关怀员工，这就是人性管理。

人性管理是褚时健在管理职工方面最大的一个特点。首先是员工福利的投入，从住房到教育再到物质生活的丰富，可以说是面面俱到。无论是做烟还是种橙子，他的很多举措都体现了他对人性的独特把控。

褚时健非常重视员工的精神需求，每年都将上百万元资金用在职工培训及其生活文化设施建设上，他常常对厂里的人说，"我们不仅要生产一流的卷烟，也要有一流的精神文明"。所以，他建俱乐部、开电影院、修游泳池等，还创办了《玉溪烟草报》、玉烟广播电台等，这都是为了建立一种企业精神，用这种精神来激励员工。在他的精心培育下，玉溪卷烟厂上下同心，渐渐形成了

"天下有玉烟，天外还有天"的企业精神。①

正是这种企业上下同心同气的精神，才使玉烟打败了英美等众多名牌烟，成为当时的"烟王"。褚时健不仅重视对员工精神的培养，对其合法利益也尽力为其争取，做到了人性至上。

在对褚时健进行的一次采访中，曾有记者问起关于工会在企业中的作用。褚时健回答道："工会的基本职能是为工人的利益说话。如果只从行政的角度考虑玉溪卷烟厂的发展，有时候可能忽略工人的一些基本权益。这样的情况下，有一个代表工人讲话的工会是非常有必要的。"在玉溪卷烟厂，党、政、工都对国家负责，在国家兴旺的前提下，才有机会搞企业；企业搞好了，企业中的工人才会觉得有一份属于自己的自豪感。反过来，如果工人工作干得不好，企业没有收益，同样也会影响国家的利益；国家的利益上不去，企业就得不到良好的发展，那么工人的利益也就得不到保障，从本质上来说，工人是企业的主人翁，这是千真万确的。②

作为企业的主人翁，工会的存在就是为了保证工人的利益。作为工会的支持者，褚时健自身也在尽力维护工人应得的或超出期望值的权益。

---

①②《红塔山传播集》编委会.红塔传播集（1986—1994）——通讯篇[M].北京：经济日报出版社，1995.

褚时健：管理至上

1987年10月，彝族干部扒天益因患脑出血住进区医院。褚时健得知此事后马上赶到医院看望，并仔细嘱咐护理人员多关照。在医护人员的努力治疗下，病人很快出院了。但是从此以后，这位干部的下肢活动受到限制，手头的活计也干不成，他心里十分着急。褚时健见此情形，耐心地安抚他，让他不必为工作担忧，还嘱托相关部门和人员好好照顾他，让他心情愉快，不要有思想负担。①

对于玉溪卷烟厂的女工，褚时健也很关心。当时厂里共有女工1622人，占职工总数的44.2%。每日里她们分别在复烤、制丝、卷烟、包装等不同的岗位上承担着计件任务，下了班还要忙家务，可谓是"妇女能顶半边天"。其实在工作中，她们所具备的智慧、潜能和力量与男职工相同甚至超越男职工的。

然而，封建社会遗留下来的"重男轻女"的思想，导致有些企业如今依然忽视女工的合法权益，这种行为是不对的。褚时健在玉溪卷烟厂发现了她们的价值，同样也发现，不调动这"半边天"的积极性，那10项经济技术指标起码要掉下来一半。他建议专门设立女工委员会，关心女工的困难和诉求。在日常生活中，他不摆架子，不打官腔，尽量抽空过问女工的生活和学习，并征

---

① 先燕云，何晓萍. 中国烟王褚时健 [M]. 北京：华龄出版社. 1996.

求她们的意见和建议。他批准建立起女工保健室、女工卫生室、孕妇休息室和治疗室等，让女工的劳保福利得到保障和充实。不仅如此，他还主张给职工过生日，从1989年1月1日起，厂里的3907名职工按照姓氏逐月逐日排队，生日当天员工会收到蛋糕和庆贺礼物。①这是在别的工厂无法体会到的尊重和重视。

在工会的筹划下，厂里每年都要拿出100多万元用于工人的福利支出。工会除了要把这笔钱用好以外，还要负责厂里的增产节约，以及工人的生老病死等很多工作。工人们对工会信任，也减少了厂里的负担。

在褚时健的思想中，男女平等天经地义，所以工会不会只专注于维护男人的权益，同样也关心女工权益。在褚时健之后的人生中，他也一直践行对大家一视同仁的思想，只要在他手下工作，他就让你衣食无忧，让你感受到被平等对待，被真心关爱。

褚时健的妻子马静芬女士说年轻的时候褚时健不懂关心人，但褚时健却一直关心员工。不管自己条件多艰苦，都想办法先让员工过上好生活，给员工盖房，解决员工的后顾之忧，给员工传递企业精神价值，为员工争取最大利益。他真正做到了一个管理者的调动作用，真正把员工放在心上。

---

① 先燕云，何晓萍.中国烟王褚时健 [M].北京：华龄出版社.1996.

法国企业界有一句管理名言："爱你的员工吧，他会百倍地爱你的企业。"褚时健正是做到了爱员工，将员工和企业捆绑在一起，使企业有了群策力，企业一旦走入上坡路，就进入了良性循环，所以他不管做什么都能做成。

褚时健自己则说："要想把企业做好，就要让职工把企业当成自己的家；而要人把企业当成家，首先领导要把人当作人来看。作为厂长，一定要公正，将心比心，将人当人。你公正不公正，职工心里清楚。"

第二章

只有抓住人心，才能发掘人才

人才人才，人是核心；只有抓住人心，才能发掘人才。

——褚时健

从小时候的"孩子王"，到农场"改造"期间"管伙食的能人"；从玉溪卷烟厂的"治厂能人"，到果园的"老板"，褚时健有自己独到的管理心得，那就是只有抓住人心，才能发掘人才。

企业与企业之间的竞争，终归是人才的竞争，这一点已成为管理界的共识。

卓越的企业，除了创始人外，都有一群忠心跟随、才能卓著的员工。人才管理涉及识人、选人、用人、留人等各个环节。现在很多企业，还新增了对离职人员的跟踪管理。可见人才管理对于企业发展的重要性。

然而，每个人的价值观不一样，需求不一样，思想不一样，导致"千人千面"，如何科学管人、艺术管人已成为管理界多年来探讨的热门话题。

玉溪卷烟厂是一家大型国有企业，又属于特殊的烟草行业，很多工人都养成了吃大锅饭的风气，形成了论资排辈的工作作风，要想在这样的企业里面推行现代化的人力资源管理，其难度可想而知。

　　抓住人心，这话说起来容易做起来难。通过以下几个侧面，我们可以深入了解褚时健的管人智慧。

培养人才

褚时健刚到烟厂不久，厂里就出了一件让人头痛的事情：一台引进的包装机突然停止了运转，厂里的几个技术工人围着它东转西转，折腾了七八天，依然没有结果。眼看生产任务被耽误，褚时健心急如焚，只得急召外国专家前来处理。这位外国专家来到厂里不到十分钟就解决了问题，机器开始正常运转。

这件事情给了褚时健思想上很深的触动。为什么我们干了十几年的老技术工人花了一周都没有解决的问题，外国专家十分钟就解决了？

归根结底，还是因为厂里人才匮乏啊！这让他意识到人才的重要性：一定要引进人才、培养人才！

意识变，行动变。

1984年，褚时健采取各项措施，加紧培养人才。他拨款开设教育课，对职工们进行培训；他要求厂里的技术骨干向国外的专家们学习；同时，邀请外国专家、业内专家来厂授课。

通过多层次、多渠道的人才培养措施，玉溪卷烟厂逐渐形成了"普通工人向骨干学习、骨干向行业专家学习、行业专家向外国专家学习"的人才培养体系。

据统计，"六五"计划以前，国家从来没有给玉溪卷烟厂分配过一个大学生。根据1984年的统计数据，当时厂里经过评定有工程科技职称的有34人，仅占职工总数的1.2%。而到了1989年底，厂里已经有了一支139人的工程技术人员队伍和590名高、中、初级技工，全厂技工的培训面达到了73.3%。由于工人的技术素质高，进口设备的使用效率达到了70%以上。①

1983—1986年，玉溪卷烟厂投资36万多元，用于多层次、多渠道培养人才。1984—1994年，玉溪卷烟厂累计拨出教育经费200多万元，73.3%的职工分期分批进行过脱产的专业短期培训，近200名职工参加过大专院校代培和夜大、函大学习，不少人毕业后成了新一代的管理人才。

1985年，玉溪卷烟厂从意大利引进的一台包装机又出了问题，一位刚培养起来的新人毛遂自荐，通过查找资料，反复调试，经过两天反复摸索，最终使机器得以正常运转。

玉溪卷烟厂尝到了人才的甜头。1987年，"引进制

① 景克明.天下有玉烟：玉烟文集[Z].玉溪：玉溪卷烟厂，1990.

丝生产线和卷接机消化、吸收"的科研项目获得中国烟草总公司科学进步技术二等奖。有职称的科技人才占职工的比例，从1987年的1.2%上升到1989年的11%，据悉，这在全行业当中可算是高比例。

多渠道、多层次培养人才在后来褚时健的创业中被广泛运用，比如长期对种植户进行培训，褚橙团队目前还和多所学校建有人才共同培养项目。

公正用人

在被打成"右派"下放到农场"改造"的时候，农场的人分成两派，相互斗争，褚时健却一心开荒种地、捞鱼养猪。别人问他为什么不参与，他说："他们斗来斗去，总得要吃饭吧？都去斗了，吃什么？"

在戛洒糖厂的时候，他仍然戴着"右派"的帽子，上面的检查组来了之后，他就把"右派"的帽子戴上，职工们形式上拉他游街；检查组一走，帽子又挂回墙上，他依然是厂长。职工们心里很清楚，任何一派都舍不得斗争褚时健。一个小小的镇办糖厂，一年纯利润 30 多万元，别人 100 斤甘蔗只能榨 9 斤糖，戛洒糖厂能榨出 12 斤。职工们怎么舍得斗他？

1979 年，一辆解放牌卡车驶进戛洒糖厂，将褚时健和家眷接往玉溪卷烟厂走马上任时，200 多名职工围在卡车周围，洒泪与厂长告别。职工们都说："厂长走了，我们的福气也没了。"

单枪匹马刚到玉溪卷烟厂，就有人告诉他："你要好好权衡一下啊，哪些是你的人，哪些不是你的人。你要有自己的一伙人，这样才不会被人整。"

褚时健笑笑说："我这个人从来不拉帮结派。一个单位你一派我一派，大家明争暗斗，尔虞我诈，还怎么搞生产？"

褚时健是这样说的，也是这样做的。在用人过程中，他只求公正、唯才是举，只要是有才干的人、品德好的人，都在他的提拔范围之内。

褚时健用人有"三看"：

一看品德。一个人是不是人才，并不是先看他的才干，而是品德。一个人只有把品德和忠诚度放在首位，才有可能被重用。无论一个人多有才华，能力多么突出，如果品德败坏，那这个人也是不能用的。

二看专业。一个优秀的企业管理者，对经济一窍不通是不行的，但只懂经济也不行。在专业知识上要有突出的地方。这里所说的专业，不但指专业技能，还指在自己的专业领域方面进行拓展，比如懂政策、善学习、善总结等。

三看眼光。如果一个人品德好，专业技能也突出，但如果不具备高瞻远瞩的格局，不具备现代企业管理意识，不具备危机意识，没有远大的规划，那么这个人也是不能适应市场经济形势的。

在"三看"的基础上，褚时健不拘一格用人才。车间里原来有一个工人，因为在"反右"斗争中犯过错误，褚时健得知后，通过上述"三看"，判断这个工人是一个人才，于是大胆将其提拔为车间主任。这名车间主任果然不负众望，带领车间取得了较好的效益。

褚时健常常说，用人一定要公正，不能有偏袒之心，赏罚分明；一定要将心比心，把人当人看。人都是有自尊的，人都是自私的，人都是有虚荣心的，知道了这些人性，在管人的过程中，才能更好地"把人当人看"。

在农场改造期间，褚时健有一次大病一场，连日滴水未进、高烧不止，幸亏有一个医生，拿出仅有的一片奎宁救了他的命。后来褚时健调到玉溪卷烟厂并升任厂长后，这名当年的救命恩人找到褚时健，希望褚时健能想办法给他一个好点的职位。考虑到这个人的实际能力，结合卷烟厂的情况，最后，褚时健只安排他做了个一般干部。有人不理解，说当初人家救了你一命，你竟然只给了人家一个很普通的职位，这是不懂得感恩。褚时健说："我现在是一厂之长，要一碗水端平，要讲求公平公正。如果因为他是我的朋友，我就将他提拔到很高的位置，别人怎么想？一个领导公正不公正，职工心里是很清楚的。只有把广大职工的积极性调动起来，这个厂子才有希望。"

不搞亲属派系，公正用人，唯才是举。这是褚时健的用人准则。在玉溪卷烟厂的十多年里，烟厂不断在变化，但领导班子成员基本没变化。因为领导班子团结稳定，领导者公平公正，这才推动了企业的发展。到1994年，玉溪卷烟厂为国家创税累计达182亿元。

知人善任

　　人都有过错，不可能十全十美，褚时健深知这一点。正因为这样，所以在用人的时候，他也大胆用人，知人善任，用人所长。

　　车间有一个修理工，多年来不但任劳任怨，而且还能创新性地工作。在参加进口制丝生产线的安装调试过程中，刻苦钻研，解决了实际问题，让褚时健刮目相看。更重要的是，这名修理工根据这次经验教训，起草了一份《进口设备管理办法》交给了车间领导。当褚时健看到这份管理办法后，连声称赞。就在准备提拔这名修理工的时候，有人提出了反对意见：这位修理工家庭出身不好，父亲是地主，在"文化大革命"中犯过错误。褚时健得知后说道："谁没有过错呢？我们用人，要用人所长，不要只看到别人的短处。"

　　这个修理工被提拔成车间主任后，开始充分发挥自己的管理才能。他整顿车间纪律，制定车间奖惩措施，修订进口设备管理办法，还常常下到车间一线，解决工人们不能解决的难题，深受车间工人们的欢迎。上任不到两个月，这个车间的日产卷烟量就由原来的400多箱提高到了500多箱。

大胆任用，知人善任，用人所长，这就是褚时健的用人法则。

明白了这一点，你就会明白，作为一个上级，不用处处表现得比下级懂得多，大胆承认自己是外行，反而更能得到别人的尊重。事实上，褚时健正是由于能够认识自身的不足，才能发现别人的优点，才能尊重、信任、放手、支持、关怀下属，从而影响下属，使之尽其才，竭其力，为共同事业建立功绩。

作为一个领导者，在选拔人才的时候，就应该懂得让员工发挥自己所长。如果提拔错了一个干部，将会影响一大批员工。因此，作为领导，任用干部就显得非常重要。为了充分认识、了解人才，褚时健出台了两个规定：一是新上任的中层干部都有一年的考察期；二是出来参加工作的大学生必须到车间劳动半年。

只有调动每个人的积极性，公平公正，互相取长补短，上下级相互信任，这样的团队才是最有活力、最有战斗力的团队。

人们在评价玉溪卷烟厂和褚时健时说，在玉溪卷烟厂，干部能上能下，职工能进能出，具有技术专长的工人和技术人员受到尊重，管理人员的才能得以发挥，贡献突出者受到重奖，职工以"我为玉烟争光荣，玉烟光荣我光荣"为共同心愿。①

---

① 张小军，马玥.褚时健管理法 [M]. 北京：中国友谊出版公司，2016.

留住人才

企业竞争日趋激烈，谁拥有了人才，谁就抢占了先机。人才要引得进，还要留得下。为了留住人才，褚时健在玉溪卷烟厂工作期间，曾经留下过一段佳话：

1987年底，一位意大利高级技术人员塞鸠站在玉溪卷烟厂门口，与前来送别的褚时健握手道别。塞鸠感激地说道："我已经53岁了，没两年就退休了。等我退休以后，我非常愿意来玉溪卷烟厂工作，继续贡献我的力量！"

一个外国工人，为何与玉溪卷烟厂结下了不解之缘？

原来，早在当年年初，塞鸠刚来到玉溪卷烟厂不久，褚时健就接到一封电报。在电报里，意大利GD公司要求他立即回国，而且在电报里这样向厂方解释："像塞鸠这样的人，我们厂里还有很多，把他换回国，对贵厂的业务一点影响也没有。"

塞鸠看到这封电报后，非常生气，认为自己在公司没有得到重视。

褚时健却并不这样认为，他立即给 GD 公司回了一封电报。在这封电报里，褚时健将塞鸠大大地表扬了一番，并且说，现在厂里正处于进口设备安装调试的关键时期，需要生性严肃且技术高超的塞鸠作为指导。GD公司在收到这封电报后，同意了厂里的意见，让塞鸠继续留在玉溪卷烟厂工作，直到工作全部结束。

这次的"电报事件"，塞鸠感受到了被尊重，也感受到了褚时健的人格魅力。

很多企业在招聘人才的时候，对人才许以优厚的待遇，然而，当人才来企业工作一段时间后，却发现诸多不如意，甚至与自己想象中的情况大相径庭。这就是人才流失的原因。

如何留人，也是一门学问。

褚时健用感情留人，用他的大度与宽容留人，用各种激励和竞争机制留人。只要是真正的人才，只要适合公司的发展需要，就会有一方自己的舞台。

把机会留给年轻人

在和褚时健的接触中有一个很大感受是，他总是乐于把机会留给年轻人。

1988年，玉溪卷烟厂开始步入了从国际引进先进设备进行生产的阶段。厂里也经常派人到国外去学习先进经验。

在20世纪七八十年代，出国还是一件时髦的事情。尤其是公费出国考察，在很多人看来，更是一次"旅游观光"的机会。因此，为了争夺一个出国名额，很多人不惜使用各种手段。

1988年3月，玉溪卷烟厂接到一份通知，这份通知来自云南省经委，点名让褚时健去美国学习。

接到这份通知后，褚时健却拒绝了。他说："出国学习的机会，就让给年轻人去吧。我年纪大了，也不用跟年轻人争这些东西了。年轻人更能学到东西。"

后来，厂里派了一名副厂长出国学习。

在褚时健看来，年轻人有魄力，有想法，能创新，精力旺盛，记忆力强，只要一有机会，就让年轻人上。

1983 年，褚时健曾经提拔过一批年轻人。在这一年，褚时健提拔了年仅 31 岁的李涛成为副厂长，后来又推荐他当厂长。

这个消息传开后，厂里很多人都提出了反对意见："才 31 岁就想当厂长？愣头青也能当厂长吗？"

提出这些反对意见的，大多是比李涛年龄大的人。这些人认为，自己比李涛年龄大，比李涛先来厂里很多年，没功劳也有苦劳，他只不过才 30 岁出头，凭啥当领导？

褚时健知道后，专门召开了一次会议，做大家的思想工作。他说："那些自认为在厂里干了几十年、什么都没当的人，你们应该好好想一下：为什么干了几十年却什么职位都没有？那只能说明你们的工作做得很差啊！我们这里不讲论资排辈，不讲资历，只讲能力。"

褚时健的一番话，说得大家心服口服。褚时健也拿出事实：李涛虽然年轻，但在副厂长位置上学会了企业管理，在全国厂长经理考试中获得双优，企业的很多措施和办法都是他想出来的。最终，褚时健说服了大家，李涛被任命为厂长。

褚时健常常说，只有年轻人成长起来了，一个企业才会有希望，一个企业才会有活力。

褚时健说："在技术上面，我没有直接给技术人员指导，我总是授权他们去做，我信任年轻人，只问结果。"①

褚时健大胆提拔年轻人的做法，充分释放出一个信号：在玉溪卷烟厂，没有论资排辈，只看品德、能力。干部要能上能下，职工要能进能出，有能力将得到提拔，没能力将被淘汰。

玉溪卷烟厂属于烟草行业的单位，是大型国有企业，很多职工习惯了论资排辈，习惯了出工不出力，习惯了拉帮结派。褚时健的这些先进管理理念在今天看来很正常，但是在当时的时代背景下，在玉溪卷烟厂里还是引起了不小的轰动。

正是因为他的这些举措，玉溪卷烟厂才焕发出了蓬勃的生机。

后来褚时健重新创业，在哀牢山上种植橙子，依旧大胆任用年轻人。他引进了一批大学生，先是让他们在基础岗位上锻炼，再提拔为小组长，然后逐渐进入基地的管理层。今天的褚橙基地，干部都非常年轻，这些新鲜活力给褚橙的管理注入了年轻的基因。

---

① 时代纪录. 褚时健说：生活总会给我们留下希望 [M]. 北京：新世界出版社，2016.

第三章

凡事冲在第一线

我 80 多岁，还在摸爬滚打。我现在蹲下就站不起来了，但分枝、挂果的时候我都要去果园，坐在边上，让人扒开树叶露出果子给我看。

——褚时健

管理学流行一句话：做给员工看，带着员工干。所谓干部干部，必须要干也要部。考拉看看企业案例研究中心的团队在褚橙新基地和老基地都做过调研，既采访过长期追随褚时健的成员，也走访过加入褚橙团队不久的新员工。褚橙团队的管理层普遍年轻，这个和褚时健愿意给年轻人机会有密切关系。这些干部都有一个特质，就是做给农民看，带着农民干。

褚橙在云南龙陵县有一个新基地，第一期项目就有将近 1 万亩的体量。有一次我们在调研时遇到一个实习组长和农民吵架，原因是这个农民没有按要求修剪枝条。后来怎么解决的呢？这个实习组长找了几棵树，示范修剪给农民看，她做完示范，又盯着农民做了几遍，一直到符合要求，她才离开。

这位女实习组长尽管到基地不久，但是她出了名地"较真"。有一次，褚氏农业的总经理褚一斌到基地考察，问她怎么管理种植户，这位女实习组长说："他们不会干，我就带着他们干，一次不行，就多几次，干会为止。"

在褚橙老基地，褚时健几乎每个月都要去基地，而且是到一线去看树，看种植户，和大家一起商量解决问题。褚时健身体力行，基地的管理层也养成了凡事要冲在第一线解决问题的作风。

成为内行

做管理，能在第一线解决问题，就能树立权威。当然，如果要解决问题，自己必须成为内行。

褚时健做任何事情都十分认真，他热爱学习，能在很短的时间内把自己培养成内行。

褚时健初到戛洒糖厂时，并不懂得榨糖的技术；到玉溪卷烟厂时，他已经戒烟很多年；去哀牢山上种橙子时，他还是一个种橙门外汉。

但是褚时健心里清楚，领导如果不懂行，不懂生产，不懂产品，那么就无法在员工心里树立权威，就无法管理好团队。

褚时健刚到玉溪卷烟厂时，工人们都不将他这个新厂长放在眼里，认为这位新厂长和之前的领导一样，说得多做得少，压根没什么用。因此有一次在褚时健视察车间时，一位血气方刚的年轻工人故意将陪同褚时健的老领导撞到一边，嘴里还呵斥道："让开，让开，别挡着我们干活。"

这虽是一件小事，但让褚时健意识到，要想管理好企业，让员工信服，就得先让自己成为内行。

为此，已经戒烟20年的褚时健，再一次拾起了香烟。不似以往，现在他是抱着研究的心态来琢磨香烟的，是抱着学习的心态来研究卷烟工艺的。从那之后，褚时健养成了一个习惯，不管是否抽烟，他时不时地会拿一支香烟在手上摩挲。很快，人们发现褚时健成了卷烟工业的行家，他对烟草原料、技术、科研的了解，对中国和世界烟草行业的宏观认识，都超出了人们的想象。

一个成功的管理者，不仅仅是管理上的内行，还要是生产上的内行。当时一位职工说道："老褚心很细，对于他不在行的东西能琢磨，他一个人蹲在那里瞧着，一直在思考，一旦动手操作，就完全像个行家。"职工切实感受到了褚时健的敬业务实精神，一改之前的态度，从心里表示信服，因为褚时健的技术太好了，基本没有能难住他的活儿。管理不仅仅要靠制度，还要靠领导的个人魅力，能被员工们发自内心的信服，才称得上是一个优秀的管理者。褚时健无疑是靠着人格魅力征服了一众员工。①

褚时健在凝聚人心的过程中，也强调树立权威，为此还得到过一个"霸道"的称号。当时玉溪卷烟厂党委

---

① 张小军，马玥. 褚时健管理法 [M]. 北京：中国友谊出版公司，2016.

林书记一直对褚时健心存芥蒂，不断在背后网罗旧部，一心想把褚时健挤走。他还拉拢一波人到玉溪地委去告褚时健的状，地委没人理，他就告到了省里。褚时健知晓这个消息后，简直怒不可遏，他找到玉溪地委书记胡良恕，说道："他不仅解决不了妨碍生产的疑难问题，还给我设置了很多困难。"随后褚时健对几个地委的领导摊牌道："像老林这种，每天给我找麻烦，不干工作还设难题。你们衡量一下，要么他留，我走；要么我留，他走，随你们选择。"①

因褚时健已经在玉溪卷烟厂树立了一定的权威，并有切实的成绩，上级部门在权衡之后，选择褚时健留下，林书记调走。由此褚时健"霸道"的名声就传开了。

经历了这场风波的褚时健，进一步树立起领导权威，大家都知道这位新领导就是干实事的，他们也就更加认真工作了。

---

① 先燕云，张赋宇. 褚时健：影响企业家的企业家 [M]，湖南：湖南文艺出版社，2014.

带头解决问题

管理的目的是解决问题，领导者始终要带头解决问题，敢于承担责任，直面问题，有解决问题的信心和方法。

我曾反复请教过褚时健先生，什么是他的成功秘诀，尽管我在不同时间不同场合问过很多次，但是他的答案很一致："一个一个解决问题，问题解决了，事情就成了。"

时间回到1981年年中，褚时健来到玉溪卷烟厂已将近两年时间，但问题并未因为这600多天与烟厂员工的相处而减少。

著名的"锅炉事件"就发生在这一年的8月，如同一场高考，褚时健在这次"考试"之后，便开启了他在玉溪卷烟厂全新的征程。

卷烟厂的生产运转全要"仰仗"两台锅炉，锅炉主要用来烤烟，一旦其中一台锅炉出故障，烟叶则无法复烤，烟叶就会发霉，卷烟厂就要停产。

当时，六吨半的锅炉，恰巧就坏了一台。但工人们的表现出乎意料的淡定，他们似乎早已习惯这颗不定时"炸弹"时不时出点问题。云淡风轻，波澜不惊，甚至更多人还抱有事不关己、坐看好戏的心态。①

1981—1982年，国企改革刚刚步入第二个阶段，尚处于试运行经济责任制初期，在部分地区的企业中实行盈亏包干责任制，力求将经济效益与生产责任结合，形成权责结合的经济制度，同时也希望能调动工人积极性，推动经济发展。

玉溪卷烟厂这家资历久远的老国企，在国家政策的东风与褚时健将近两年的努力下，慢慢出现了活力，但这活力远远不够。

曾经做糖厂副厂长时，褚时健也遇到过同样的问题。当时糖厂的锅炉坏了，全厂没有一个人知道怎么修。褚时健守着它倒腾了几个小时，搞得大汗淋漓一脸灰，才将锅炉修好。如今同样的事情再次出现，褚时健找来修理组工人，希望尽快修好锅炉，继续生产。

"40天。"修理组给了褚时健一个回答。40天的修理周期，意味着大批的烟叶将会发霉，亏损的数目不可估量。时间不能等！他语气"霸道"地说："4天。"

---

① 先燕云，张赋宇. 褚时健：影响企业家的企业家 [M]，湖南：湖南文艺出版社，2014.

修理组的工人像是听了一个笑话，摆手说道，这事干不出来。

褚时健心里清楚，4 天的修理时长要求并不过分。而事实证明褚时健的确是一个精算家，由他亲自带队，修理组最终只用 3 天时间就圆满完成了任务。

后来褚时健知道，40 天的修理周期是曾经玉溪卷烟厂的锅炉修理时长。在褚时健亲自带队下，工厂的工作效率大幅度提高。

"锅炉事件"圆满落幕，由此也奠定了褚时健在玉溪卷烟厂职工心目中的地位。谁都知道，这个厂长有些不同。

不管是做烟还是做橙子，褚时健的管理方式都可以总结为"深入一线，以身作则"。在他当玉溪卷烟厂厂长的时候，马静芬说"他眼里只有工作"。做"烟王"时，只要不是开会和出差，他都会到车间查看。种橙子时，无论刮风下雨，他都亲自到山上和农民一起剪树枝、施肥，总是以身作则影响着下面的管理者和员工。

"看到老褚这样干，我们怎么能不好好干呢？"褚橙基地的种植户和一些管理层人员都感慨道。褚时健在管理中所表现出来的以身作则，深深影响着整个团队。

以实际行动影响他人

玉溪卷烟厂在褚时健的带领下，逐渐迎来新的变化。

1986 年，褚时健在担任玉溪卷烟厂厂长的同时，又兼任玉溪地区烟草专卖局局长与玉溪烟草公司总经理等职务。机遇再次来临是在 1987 年，云南省获得"适当突破发展烟草"的机会。于是褚时健便将烟农、烟草生产公司、烟草销售三条线融合起来，实现从源头到终端的"产、供、销"全线贯通。

这中间少不了会有各种的问题，而褚时健就像谋划疆土的军师，用智慧与实际行动一步步解决困难。

虽然他把玉溪卷烟厂、玉溪烟草专卖局、玉溪市烟草公司的三方人员聚集在了一起，但内部却依旧"人心不和"。各个方面都冒出了问题：之前的三套人马仍然站在三方角度各持己见；职位发生变化后员工内心不满。①

---

① 罗美娟. 中国烟草产业竞争环境与红塔集团未来战略取向研究——烟草产业发展的政治经济学与非规范竞争研究 [D]. 上海：复旦大学，2004.

而这其中的平衡，需要褚时健斡旋调控。

对从原公司合并后职位下降的员工，褚时健主动去做心理疏导，解释缘由。合并后的一些以前公司的领导出差要求享受"三合一"之前的待遇。对此，褚时健立场特别坚定，合并后就得遵守合并后的要求，有什么车就坐什么车，坚决不搞特殊化。褚时健这样说，并且身体力行这样做，他以自己的实际行动为其他员工做出表率。

在贯彻公平行事的方法上，褚时健做了很多。他规定厂一级的领导在享受住房标准上一律相同；在评比先进时，工厂与分公司的比例也一律相同。一视同仁，公平对待，并以身作则，这就是褚时健管理企业中大的经营之道。

以出差去昆明为例，原来公司领导出差的时间安排是三天：来去各占一天，办事占一天。合并后褚时健规定：来去路上的时间加上办事，只要一天。"三合一"之后，在效率上必须全部统一，没有例外。

此外，在人员安排上褚时健也打破原有的界限，实现科室人员配备自由，互相融合，同时也有利于员工互相合作，快速磨合并加紧三方联系。

《论语·子路》中说："其身正，不令而行；其身不正，虽令不从。"其实，褚时健正是以这种方式，以身作则管理企业。蕴含在褚时健管理至上法则的精髓中，就是做好"人"的工作，合理协调并安排员工。

吃苦在前，享受在后

实行"三合一"之后，褚时健直接连接了上中下游的烟草生产、供应、销售板块。"第一车间"也在这期间逐步建立：直接与烟农联系，建立烟草生产基地，甚至和烟农一起在田地劳动，直接拉近与烟农的距离。

在田间，褚时健和烟农一样，也是个普通的劳作者。这对于烟农来说，既能认识到褚时健的为人，也得到了褚时健对他们的尊重。

1993年时，玉溪卷烟厂已经发生了翻天覆地的变化。这个曾经破败不堪濒临倒闭的小烟厂，在褚时健大刀阔斧的调整改革下，早就不再是当年的模样。"云烟之乡"作为一块响亮的招牌，为云南、玉溪带来了无法计算的经济效益。

而此时的"亚洲烟王"，也只是一如既往过着平凡的日子。

1993年，一名香港记者采访褚时健时，惊叹于他的住房如此简陋。这位已过"耳顺"之年的老人，一手创下"红塔"基业的企业家,没有丝毫盛气凌人的架势。记者问他,"中国'烟王'怎么住的是这种房子"?

褚时健回答得颇为爽朗,在他看来事业有成才是最大的追求。小房子破败拥挤,褚时健住着却甘之如饴。抛却身外浮华,褚时健有自己怡然自得的乐趣。更重要的是,他于细微处无形渗透出不搞特殊化的管理方法。就算名声地位已是一代"烟王"的他,也与他人没什么不同。

1987年,褚时健的一个亲戚在玉溪卷烟厂里偷烟,违反了厂规厂纪,褚时健严格按照规定开除了对方。这一举动,也让其他职工看到了褚时健公事公办不搞特殊化的办事风格。

在企业家褚时健身上,如何做到让职工信服,令行禁止,厂子效益猛增?其实从他的管理上已经明显可以看出踪迹:归根结底不过是"人"的问题。褚时健曾说过,别人说他经营厂子有法子,其实也没什么了不起的方法,不过就是注重修炼"人"罢了。

对于不搞特殊化这点,其他大企业也是如此。曾任联想控股有限公司总裁的柳传志就定下了开会迟到罚站的规矩。这个罚站的方式也比较特别,开会的一群人停下来就默默看着迟到者一分钟,像默哀一样。比较凑巧的是,制定规矩后第一个迟到的被罚对象就是柳传志的老领导吴天祥。柳传志对老领导说,你在这里罚站一分钟,今晚我到你家也站一分钟。但现在,你必须罚站,规矩定下了就必须执行，不然以后开会迟到现象依然不会有所改观。结果老领导真的站了一分钟。柳传志也不例外，自己也因迟到被罚站过三次。在这条规定上，一旦触碰红线，任何人都没有例外。①

褚时健也是如此：不搞特殊化，处理好"人"的问题。没有例外，规则就不会被打破。只有在职工中树立起威信，才能做到一呼百应。

曾有人形容说，"烟王"温和克制，谦虚有礼。而这一性格特色带给褚时健的，是大量干部们敢干事的行事风范。人才的作用在很大程度上得到了极致发挥，管理与被管理者得到了中间点的平衡——既是管理者，又是被管理者。

其实，无论是管理者还是被管理者，他们都有一个共同的特点：他们是不同层次的决策者。而决策是为了达到共同的目的。在褚时健的企业经营之道上，对决策起促进作用的个人品质特色，始终贯穿在玉溪卷烟厂的管理上。

管理的根本，正如褚时健所说，无非就是在修炼"人"上。

褚时健训练团队，他的儿子褚一斌同样接受训练和

---

① 杨轩. 柳传志：联想杀回500强 [J]. 现代商业，2011（22）：60–63.

考验，有一次我们一起去基地，那天刚刚下了一场暴雨，基地的土刚刚翻过，很疏松。褚一斌从车上下来，也不说话，脱了鞋子直接就赤脚到地里，周边的种植户看到这样的场景，先是一愣，然后纷纷脱了鞋子就跟着下地了。

褚一斌回到云南以前，一直在做金融，他曾想逃离这片土地和他的父亲，但当褚时健要求他回来的时候，作为儿子，他选择了服从。当他真正开始和土地打交道时，责任和与生俱来的坚毅和执着又把他和这里紧密地连接在一起了。

第四章

任能者责成而不劳

　　管理者应分权而治，坚持职能界限原则。把下属放在各自的岗位上，就是为了解决问题、处理矛盾，对下属的监控只限于方向，不应事无巨细地掌控。

　　　　　　　　　　　　　　　　——褚时健

兵熊熊一个，将强强一窝。褚时健善于带队伍，所以无论是在玉溪卷烟厂的时候，还是后来到哀牢山上种橙，他都带出了一批人才。

二次创业以后，很多人去拜访褚时健，往往都很难见上面，更谈不上深入交流，其实是他们没有找到方法。为什么这么说呢？

褚时健重视人才，愿意给年轻人机会。褚时健一直坚持一个习惯，每次公司有新人加入的时候，褚时健都会陪着他们吃饭，他还会给新人夹菜。后来褚时健年纪大了，加入公司的人越来越多，每次看到新人来了，褚时健会像一个长辈那样和新人打招呼："你来了！"

褚时健对专业人士特别尊重。有专家来的时候，他会经常问，"到底谁去接？""安排好了吗？"有好几次，他都到戛洒镇的路上亲自去接专家。

褚时健的管理是洞察人性的管理，他曾形象地说："老板和员工，很像发动机和车轮的关系，老板是发动机，发动机不行，再好的轮子也跑不起来。发动机再好，轮子掉了一样跑不动。"

好的发动机 + 好的轮子，才是最佳的管理组合。

组织与个人的一致性

管理是从认识"轮子"开始的，发动机和轮子需要很好地磨合，然后才能跑出速度。在褚时健的管理中，对人的认识有一个很著名的观点。

在行为科学管理理论中，赫伯特·西蒙将人性假设为出发点，将管理者对被管理人的认识分为六种基本类型："工具人"假设、"经济人"假设、"社会人"假设、"自我实现人"假设、"复杂人"假设、"决策人"假设。这是超乎寻常人认知的、对被管理"人"的定义。与诸多荣誉加身的赫伯特·西蒙不同，褚时健没有发表过高深的论文，而是经过探索，一点一滴积累经验，通过现实与理论结合，得出他对企业管理的认知范畴。在玉溪卷烟厂到达巅峰之后，许多人向褚时健请教如何处理企业和职工的关系，以及如何管理职工的问题。褚时健曾阐述了企业管理者对被管理人的认识，他将其分为四类：第一类是"工具人"，第二类是"经济人"，第三类是"社会人"，第四类是"决策人"，而其中"决策人"正是褚时健管理经营的精髓部分。①

首先是"工具人"的观点。这类企业将人视为被动性的生产工具，就像机器一样，将管理者和被管理者对立起来。但褚时健并不认同。"工具人"的观点虽然以片面的形式反映管理者对管理对象的某些要求，但过分强调了管理者的主动性和被管理者的被动性。这让被雇佣的管理对象心如浮萍，没有安全感。

其次是"经济人"的观点。在社会主义市场经济条件下，把企业推向市场后，追求经济利益是必然趋势。如何调动员工的生产积极性呢？褚时健认为，首先需要有合理的分配政策。不管是企业的领导者还是劳动者，追求个人利益并不过分，但要放在个人对社会和国家做出贡献的基础上来考量。"经济人"的观点，就是要建立在这个基础上，探索一条符合厂情的有自己特色的管理办法和手段，以此达到获得最好经济效益的目标。

再次是"社会人"的观点。这种观点认为，只要是人，无论是管理者还是被管理者，都处在企业这个"小社会"的人群关系之中，因而都是团体或集体的一员，归属于集体。它所强调的只是个人对于人群的心理依赖，如安全感和归属感等，不仅"人群"不能等同于社会，而且忽视了社会关系对形成个人特点的决定性的作用。

① 夏忠华. 管理出效益 [M]. 北京：企业管理出版社，1996.

褚时健认为这类企业人的模式，是狭隘本位主义的"小集体"，不能完全效法。

最后是"决策人"的观点。这种观点认为，无论是管理者还是被管理者，他们都是不同层次的决策者，更为重要的是，他们的决策都是为了达到共同的目的。这个观点的可贵之处在于它承认个人具有自主性和个性，强调个人与团队相辅相成的关系，个人的发展离不开团体的作用，而团体的存在和发展也离不开个人自主性和创造性的发挥。

褚时健所认为的"决策人"正是从这一点出发，进一步认为在这种观点中，管理者与被管理者互相需求，互相挖掘彼此的自主性和创造性，使企业人才的才能得以最充分地施展。

管理人才就像手里握着一把沙子，握得越紧，沙子反而流失得越快，此时如果适当地松手，就会发现沙子安稳地待在手心，不会无缘无故地流失掉。沙子虽然不像人一样拥有自主意识，却和人一样具有强大的流动性，一旦受到手掌的压迫，沙子就会自动流失，怎样都挽回不了。人比沙子更加复杂，所以管理者管理员工，不能单纯地放松，更不能给予员工极大的压迫力，褚时健关于"决策人"的观点，正是在放松与压迫之间寻找到一个互利互惠的平衡点。

一个企业就是一个组织，生存在这个组织的人们所需求的利益自然与组织的利益相连接，所以利益就是大家共同拥有的平衡点，这个平衡点永远存在，壁垒坚实，一旦建立便不容易被外界动摇。

组织与个人的利益达到一致，彼此才能充分信任，互相尊重，将自身潜在的自主意识与创新能力调动起来，积极参与到组织的建设中去。直到有一天，大家发现每次的座谈会内容变多了，意见变得丰富了，决策变得更加完善了，人均收入提高了，工人们走出工作环境与走进工作环境的气氛是一致的，玉溪卷烟厂再也没有出现过"没精打采上班，兴高采烈下班"的情况。这时候，大家才明白民主管理制度的重要性，都对褚时健当时做出的决策竖起了大拇指。

褚时健说："无论是管理者还是被管理者，他们都是不同层次的决策者，更为重要的是，他们的决策都是为了达到共同目的。"

在玉溪卷烟厂，组织利益与个人利益都得到了提升，管理者与被管理者都成了"决策人"，所有决策的终点都是为了提高利益。褚橙的发展便是延续了这种高度一致的发展方向，将"人"当作"人"来看待，企业的黏合度也因此得到提高。

分权而治

关于分权而治，有这样一个故事：

一个人去买鹦鹉，在店里看到两只漂亮的鹦鹉，其中一只面前的牌子上写着："此鹦鹉会两门语言，售价200元。"另一只同样漂亮的鹦鹉面前的牌子上写的则是："此鹦鹉会四门语言，售价400元。"

这个人在两只鹦鹉之间摇摆不定："该买哪只呢？"

这两只鹦鹉毛色都很漂亮，看起来十分灵动可爱。他陷入了选择困难。这时候，他突然发现店里居然有一只精神委顿的鹦鹉，这只鹦鹉羽毛暗淡散乱，却标价800元！

让这个人大吃一惊，不由地问道："难道这只鹦鹉会说八门语言？！"

店主听了，笑呵呵地说："并不是的。"

这个人深感奇怪："这只鹦鹉看起来又老又丑，也不像前面两只鹦鹉一样会好几个国家的语言，怎么卖得比它们还贵？你这是欺骗消费者啊！"

店主此刻才不紧不慢地回答："这是因为前面两只鹦鹉只听这只鹦鹉的话，并称这只鹦鹉为'老板'。"

这个故事说明了一个道理：真正能干的领导人，厉害的是管理，只要他懂得与员工建立信任，在工作中放权给手下的人，把每个人的工作安排好，就能凝聚起比自己更强的力量，从而来提升自己的身价。

反观我们生活中的有些管理者，能力都非常强大，却因为事必躬亲，最后只能四处奔劳，顾头不顾尾；而他的员工却十分悠闲，整天没事可做。长此以往，员工得不到锻炼，就会对自己的工作能力产生怀疑，从而造成员工的流失，自己也成不了优秀的领导人。

"任能者责成而不劳，任己者事废而无功。"这句话的意思是，一个人的精力是有限的，遇到有才能的人只要把事情吩咐下去，让手下的人各司其职，就会得到最好的效果。如果不懂得放权，凡事都要自己亲力亲为，最后的结果可能是又累又没有功效。

《孟子》对社会分工问题也有过类似观点："或劳心，或劳力；劳心者治人，劳力者治于人；治于人者食人，治人者食于人；天下之通义也。"有人适合脑力工作，有人适合体力工作，在一个企业中，既需要脑力劳动者，也缺少不了体力劳动者。大家根据自己所擅长的东西各自分工，将自己分内的事情做好，便能达成最优的企业管理状态。

褚时健出身于农民家庭，没读过《孟子》，也没读过《尚书》，神奇的是，他在企业管理的道路上所践行的规则却与这些圣人之言不谋而合。

玉溪卷烟厂在办子弟学校的过程中，褚时健召集学校领导和相关人员开了一个座谈会。在座谈会上，褚时健很少发言，一直在听子弟校的领导和老师们说话。等大家都谈完了，他才说道："我不懂教育，不懂学校，所以我没有发言。子弟学校的事情，就由你们校长和老师说了算吧，需要我支持什么，我尽力支持就是了。"

在座的老师们感到有些惊讶。子弟学校归玉溪卷烟厂管，玉溪卷烟厂归褚时健管，按常理，褚时健是很有发言权的，但他却在老师们面前大胆承认自己的"不懂"，承认自己的"不专业"，这让老师们对他肃然起敬。

一个真正的领导者，不干涉别人职权范围内的事情，是对别人的一种尊重、信任和支持。人无完人，大胆承认自己的不足，使一个人保持清醒，是很有必要的。

在一次厂办会议上，褚时健当众表扬了一名中层干部。这位干部在与别的单位进行谈判时，主动维护本单位的利益，据理力争，表现出色。褚时健说："你的处理方案，让我学到了很多东西，使我们在谈判中处于有利地位，这是我没有想到的，你比我想得周全啊。"褚时健就是这样一个毫无官架子、说话坦诚、自然真切的人。

因为他对别人坦诚相见，所以很多人受了他的影响，也对他坦诚相见。

人们常说，物以类聚，人以群分。你是什么样的人，你身边就是什么样的人。反过来，你的优秀品质也能够感染和影响身边的人。

在工作上，褚时健从来不干预不属于他职权范围内的事情，他一直主张分权而治，坚持在每个人的职权范围划上一条清晰的"分界线"。曾经有一次，一个部门经理就是否免除一个基层领导的职务来请示褚时健，褚时健却并没有直接提出建议，他只是摆了摆手，说道："你自己决定就好了。"

这让部门经理大为感动。原来部门经理早些时候就吃过顶头上司"瞎指挥""乱干涉"的苦头，但是作为下属，他完全没有选择余地。褚时健的表态，大大增加了他对公司的好感度与忠诚度。

然而，有人说，这样的领导方式显得太过放任自流，很可能会造成企业松松垮垮，各自为政，最后难以收场。褚时健听了后，对此做出坚定回应："我们把一个个干部放在那个岗位上，就是要他解决问题、完成任务。如果干部们把矛盾都上交，该管的不管，都要我们来解决，那还把他放在那个岗位上干吗？"①

---

① 景克明. 天下有玉烟：玉烟文集 [Z]. 玉溪：玉溪卷烟厂，1990.

褚时健一语道破工作岗位的真谛。在其位，谋其职，其他乱七八糟的东西都不必多想。如果一个人处于这个岗位，却做不好这个岗位上该做的事，那么，这个人离被辞退也不远了。

把管理的钥匙交给职工

褚时健后来自己总结："做管理的时候，一定要让自己变成一个内行，首先要自己懂。"褚时健说过，外行领导内行搞不出好业绩，必须干一行学一行，如果自己不懂，就让懂的人干。

1985 年年底，国有企业领导体制改革浪潮吹到了褚时健管理的玉溪卷烟厂，烟厂开始实行厂长责任制，厂里制订好第二年的生产计划后，褚时健突然提出要将计划改成报告，交给全厂职工讨论决定。

一时间，议论沸天，有人说，这么大的事怎么能交给员工讨论？这是体制改革，是省里烟草公司规定的，员工不同意，怎么办；也有人说，既然都由厂长负责了，那就没必要让员工讨论。

这时，褚时健对所有人说，不管怎么体制改革，工厂不是我们个人的，而是国家和工人的，工厂改制计划若是不让员工知道，如何保障工人的主人翁地位？工人们要是有意见和想法，只要是正确的我们就该吸取。

最后，正如褚时健所说，工人有自己的看法，也提出了很多对工厂有利的建议，有人觉得工厂的生产任务可以定高一些，有人提出应该制订分配计划，明确国家得多少，工厂和职工各得多少，做到每个职工心里有数。

此后，玉溪卷烟厂每次制订来年的生产任务都由员工讨论后再纳入最终计划。厂内还设立了由各岗位员工干部组成的企业管理委员会，专门对厂里的生产和发展提供意见。可以说，这项工作就是玉溪卷烟厂的厂规，把工人当作工厂的主人，把工厂的大政方针交由员工来共同商定，给工人当家做主的自豪感。

玉溪卷烟厂在做大后，在管理方面的要求也更高了。作为厂长，褚时健需要处理好新时期的劳动关系。

为避免原来企业分配中存在的弊端，褚时健通过职代会制定了分配制度，把每个职工的岗位、产量、质量、消耗和收入都按月张榜公布，便于民主监督。

厂干部大多都是从一线职工中经过民主推荐和组织考察、工作成绩突出的人，因此工人服气。在企业有了用工权后，厂长可以随便开除工人的观点是错误的，虽然为了刹住偷烟的歪风，玉溪卷烟厂也辞退过工人，但都是经过职代会讨论的，就算是褚时健的亲戚也不例外，这样做被处分的本人没有话说，职工也觉得合理。所以，随着劳动关系的变化，处理劳动关系的方式也必须改变，否则时代的浪潮将把这个刚刚发展得有一点起色的烟厂无情地拍死在沙滩上。

只要开放足够的自主性，职工就能得到很好的发展。褚时健在玉溪卷烟厂时有一句名言："把管理的钥匙交给职工。"为了实现民主管理，褚时健结合《企业法》和玉溪卷烟厂的实际，制定了《职工代表大会实施细则》5章29条、《职工民主管理工作标准》9条30款，制定了民主评议干部制度和车间以上的党政工联席办公制度，对民主管理的内容、职权、各种议案的审查程序都做了具体规定，使民主管理做到制度化、规范化。

目前，很多职工的主人翁意识都在逐渐淡化，他们在日渐信息化的环境中封闭了自己的责任感，与社会产生了微妙的脱节感。在工厂中，只有把职工应有的权利交给他们，增强职工的责任感，才能激发出职工原有的自主性，使他们主动为整个工厂做贡献。

褚时健说："管理者应分权而治，坚持职能界限原则。把下属放在各自的岗位上，就是为了解决问题、处理矛盾，对下属的监控只限于方向，不应事无巨细地掌控。"

褚时健以这样的方式管理员工，让员工感受到他们在企业中的分量，让员工在工厂、在企业中感到他们是真正的主人。这正应了他常说的一句话："让工人把工厂当家，先把工人当人。"这显示出了他作为管理者的胸襟和格局。

第二部分

制度是最好的管理

褚时健说："要实现有效管理，必须制定公平的规则。用规则和制度来管理生产、质量和市场。"褚时健从1980年开始，便在玉溪卷烟厂全面推行质量管理制度。

褚时健对于制度标准曾经有很多创举，如当年烟厂的设备就曾经实施过"日清扫制度"，车间里有一支50人专职清扫工，坚持每日中班后上一个小夜班，清扫车间环境卫生，逐台、逐机、逐部位清扫，保证第二天所有机器开机都干干净净。

在本书的第一部分，我们从人的角度分享了褚时健的管理思想，他的管理首先从人的角度出发，然后以制度推进。这个制度并非是简单的条款，其含义包括两方面：一是建立规则，二是严格执行规则。

下面我们来理解褚时健对管理制度的认识，我们可以把"制度"一词分为"制"和"度"来理解，即制定规则和度量效果。

褚橙基地有管理果树数量的制度，种植基地有时需要增加路线，就要挖掉一些树，果树数量减少，管理果树数量的人必须马上记录下来。

这个果树数量的制度执行影响到当年的预算，每年基地需要多少肥料，都是根据具体的果树数量计算出来的，果树数量必须要准确。

褚时健很清楚基地的果树数量，第一批 3.3 万棵，然后增长到 14.5 万棵，后面又加种 17 万棵……

这些看起来是数据，其实是制度支撑，这些数据是一层一层统计出来的，管理决策依赖这些数据。

第五章

生产管理

　　从 2003 年起，褚橙基地就建立了实验室，通过实验可以看到果树的营养成分构成，通过检测可以了解施肥的状况。通过生产管理，既节省了成本，也提高了效益。

褚时健是一个认真的人。他认真对待果树不是停留在想法上，而是用在生产管理上。如果去褚橙的果园看，这个果园的果树状态明显和周边其他果园的果树不一样。这个不一样并不仅仅是更加整齐划一，更重要的是树的态势，明显更加有活力。

很多人来看了褚橙的果园之后，第一感觉就是，这里的树种下去已经整整 12 年了，方圆四五千平方米的果树都还完好地活着，整整齐齐一大片。这样的规模在全国都找不出第二家来。①

这些都得益于生产管理的提升。

为什么褚橙的口感既区别于传统的冰糖橙，又比很多橙子的口感要好？其实还是因为通过生产管理的调整，提高了产品的品质。可以这样说，褚时健从管理糖厂到烟厂，再到种橙，都在不断调整生产管理的流程、设备和方法，试图提高效率和效益。

---

① 时代纪录.褚时健说：生活总会给我们留下希望 [M].北京：新世界出版社，2016.

从设备改革管理

工欲善其事，必先利其器。褚橙基地很早就设立了实验室，而且也在不断改进实验设备，提高检验水平。褚时健在改进生产管理方面，不遗余力。比如褚橙一开始的选果设备不行，后来就引进新的设备生产线；开始时人工搅拌有机肥，后来逐渐调整成使用大型设备。

我们回到烟草行业中来，20世纪80年代初，褚时健贷款上百万元引进了英国的烟支卷接机，这是他任玉溪卷烟厂厂长后干的第一件大事，这台引进的机器价格是当时全厂所有卷烟机的总和。此后，从1981—1989年，褚时健先后投资2.5亿元，以平均每年新增10台的速度，从英、意、日等国家引进了95台（套）国际一流的卷烟设备，包括卷烟、包装、滤嘴烟成型等多种类型。此外，还引进了两条制丝生产线。1988年，玉溪卷烟厂的卷烟总产量、产值、上缴税利分别比引进设备前的1980年增长2.13倍、7.07倍和8.6倍，分别达到107.7

万箱、17.4 亿元和 11.3 亿元。①同时，卷烟厂的产品类型和花色品种规格也大幅增加。

褚时健进厂时，玉溪卷烟厂的状况并不乐观，主打产品"红梅"烟陷入滞销，当时有人调侃道"红梅红梅，先红后霉"，卷烟厂生产经营困难很大。褚时健分析后认为，导致产品销量差的根本原因在于质量差，而卷烟质量差又与生产设备过于陈旧密切相关。当时，玉溪卷烟厂使用的还是国外早已淘汰的 20 世纪三四十年代的卷烟设备，其性能差距可想而知。因此，褚时健果断决定，突破一切困难引进 20 世纪 80 年代的先进设备，弥补玉溪卷烟厂与同行之间硬件设备的差距。

在设备选型方面，他要求引入的新设备至少要在10—20 年内不会被淘汰，即便价格高一点，也要为长远投资。每次出国考察，团队成员都会有明确分工，有人查看主机型号及运转情况，有人负责观察和记录机器的生产效率，根据厂情仔细斟酌。

尽管对先进设备十分渴望，但褚时健并没有盲目引进，而是从全局出发，调整新旧设备和国内外设备的数量，形成了合理的设备使用结构。以卷烟机为例，卷烟厂拥有国外先进设备 29 台，国内先进设备 15 台。这样既

---

① 景克明. 烟草工业现代化探索：玉溪卷烟厂优秀管理、技术论文选 [M]. 昆明：云南科技出版社，1990.

能紧跟国际卷烟技术的发展，又顺应我国实际发展需求。在引进的同时，玉溪卷烟厂还自己生产一些配套设备。比如，五车间制丝生产线共有设备 110 台，其中引进的主机有 61 台，本场自制的辅助设备有 49 台。[①]通过这样的配合，玉溪卷烟厂增强了购买设备的成本控制能力。在有限的条件下，各种设备合理搭配使用，形成了资源的最佳配置。

设备引进的投资规划和选型属于设备前期管理的两个重要内容，而在设备引进之后，其安装、测试、使用、改进、维修等各个环节都需要科学管理。所谓既要引好，又要用好，这需要企业做到全流程精益管理。

首先，在设备安装调试上，褚时健秉承减少浪费、提高时间效率的宗旨，尽最大可能缩短工期。比如，在引进德国豪尼公司的全套制丝设备时，从签订合同至正式投产总共只用了一年零八个月的时间，与国内引进同类设备的其他厂家相比，工期至少提前了 10 个月。

具体来说，玉溪卷烟厂总是把工作做在前面，在设备正式交货之前进行大量准备工作，包括设置筹建机构、挑选技术人员、厂房建筑施工、制作配套设施等。在工程中，还会初步应用网络图等管理工具，等设备一到就

---

① 景克明. 烟草工业现代化探索：玉溪卷烟厂优秀管理、技术论文选[M]. 昆明：云南科技出版社，1990.

能立即安装。为了激发员工的积极性，同时加快工程进度，工厂对设备搬运、安装就位等环节采取了承包形式。在国外专家进厂调试之前，设备就已安装完毕，一调试完，马上投入生产。如此，从设备进厂，到安装，再到调试及最终投产，整个流程实现了连续高效运转，有助于将成本降到最低。褚时健深知，设备早一天投产，工厂就有可能早一点获利。若是等设备进厂后再做准备工作，将会造成难以估量的浪费。

其次，在设备使用中，褚时健不断对工人们强调说，设备的管理工作十分重要，只有学会管理才算得上真正掌握了技术。基于此，玉溪卷烟厂五车间还专门成立了设备管理QC（Quality Control，质量控制）小组，在技术知识培训、故障监控、故障原因分析等方面下功夫，尽可能减少故障发生，做到及时发现问题，尽早解决问题，特别是对一些常见的重点问题，工厂要求每日做好监控记录。

按理说，管理者都希望机器设备能保持24小时运转，这样才能提高产量，创造更大价值。然而，褚时健却不这样认为。他规定，在玉溪卷烟厂，每台设备每星期六进行两小时的维修保养，一年一次中修，一年半一次大修。有人对此感到疑惑，设备没有故障，为什么还要每周停工维修呢？褚时健的认识很清晰：工厂一直运转并不代表没有问题，反而隐藏着危机。任何工厂都会存在问题，若想及早发现问题就要想办法让问题浮现出来，而定期停工维修是成本最低的办法。在玉溪卷烟厂，有的操作工人为了多拿工资奖金，不愿意停机，这时会有质检员出面进行监督，并且对工人进行维修教育培训。事实证明，在这样的管理体系下，玉溪卷烟厂所有卷烟、制丝、包装设备长期保持90%以上的完好率，生产效率和产品质量都得到了保证。

　　除了做好后端维护之外，褚时健还采用创新管理办法，对设备进行二次改进。一方面，玉溪卷烟厂对于旧设备进行改良。比如，一款国产卷烟机，一般台时产量仅为0.8箱／小时—1箱／小时，改造后的生产能力能达到平均1.3箱／小时。另一方面，对于国外引进的设备，玉溪卷烟厂也可以通过改造和优化设计，提高生产效率。比如，玉溪卷烟厂MK9-5卷烟机的单台产量能够比国内同行高一倍，平均达2万箱，最高达2.3万箱。这样的成绩与卷烟厂重视设备精益管理密切相关，比如他们在确定MK9-5卷烟机机座水平位置时，水平精度能达到1米范围误差不超过0.0025毫米。[①]在实践过程中，工厂通过设备创新改进，解决了许多进口设备的问题，优化设备性能，由此获得竞争优势，快速超越同行，走到了行业前列。

---

　　① 景克明.烟草工业现代化探索：玉溪卷烟厂优秀管理、技术论文选[M].昆明：云南科技出版社，1990.

工艺提效率

设备仅仅是一方面，设备＋新工艺是褚时健提高产品质量的关键，他的管理从原料到产品，从设备到工艺，都是为提高产品的质量而来的。

1987 年，玉溪卷烟厂的工艺技术人员研发出了烟叶回潮的最佳数值，通过加强打叶工艺中的温湿度管理，使烟叶损耗由上年的 2.8% 降低到 2.48%，每箱卷烟降低烟叶损耗 0.16 千克。[①]据卷烟厂 1987 年的相关数据测算，若能突破烟叶人工醇化工艺技术，缩短自然醇化周期，甚至完全用人工醇化代替自然醇化，将大大降低保管贮存的成本。在工艺技术中，一个小小的数字都可能会带来颠覆性的改变。

在引进德国豪尼公司的制丝新生产线时，玉溪卷烟厂在 24 天时间里通过模拟原生产线工艺技术实验研究和

① 景克明，烟草工业现代化探索：玉溪卷烟厂优秀管理、技术论文选 [M]. 昆明：云南科技出版社，1990.

改进实验研究，研究出了乙级卷烟在新生产线较为合理可行的工艺配方技术。在试验中，技术员通过对烟丝烟叶温度、贮存温度、温湿度等参数的调整，得出了有科学依据的新工艺指标。比如，新生产线运转时，需要提高料液温度14%，使料液高于叶温，利于料液在短时间内的渗透或被吸收。此外，在梗处理、配方用量等方面也有部分调整。新的工艺配方技术在新生产线上应用一年后，共生产了"红梅"18万箱，并且增加了近千万元的收益。其中，降低了烟叶消耗61.2万千克，节约价值近360万元；烟叶配方成本降低约53万元；多用梗丝3.29%，比原工艺加入丙级卷烟价差2.24元/千克，降低成本近59.69万元，合计约472.69万元。[①]

　　然而，一个参数的错误，也有可能带来灾难性的质量问题。就以温湿度为例，烟叶进入生产工艺流程后，在各工艺环节上，温湿度的控制水平会影响原料的造碎损失程度和烟丝填充力，还会影响卷烟机的正常运行水平，这些问题都会带来质量隐患。工厂的生产工艺技术若能稳定在较佳水平上，有助于提高产品质量，并使工艺性原料消耗保持较低水平。因此，工艺技术的精准度是制造业一直的追求。

---

① 景克明. 烟草工业现代化探索：玉溪卷烟厂优秀管理、技术论文选[M]. 昆明：云南科技出版社，1990.

在工艺技术管理方面，褚时健制定了详尽的制度，对前端、中端和后端做到了专业把控。1988年初，玉溪卷烟厂以中国烟草总公司颁布的《卷烟工艺规范》为依据，制定了《卷烟工艺质量标准》《卷烟工艺规程》和《卷烟生产工艺纪律》三大工艺技术法规。按工厂标准，各项标准都比国家标准要求高一些。比如，在出口卷烟的工艺标准中，增加了小包透明纸内不得有烟末的要求。

有了标准，就有了管理的依据。在实际生产中，只有按标准生产，才有可能保证质量，从而保证价格，赢得市场。因此，对于标准执行，褚时健制定了严格的监督考核制度。比如，为保国优产品"红塔山"的质量，质检科成立了两个QC小组，除执行现场控制和考核外，还要对在生产工序中出现的问题及时研究分析，并利用PDCA（plan、do、check、action，即计划、执行、检查、处理）循环程序提出处理对策。在包装方面，除了安排质检员按分管机台正常检验，每班还增派2—3人重点把关，特别对包装工序实行全面考核对比。①

在日常管理中，秉持"工艺科立法，质检科执法"的原则，质检人员承担着现场工艺质量管理的重任，他们的工作得到了褚时健的坚定支持。在工艺人员的指导

---

① 褚时健，魏杰. 国有制企业模式探索：玉溪卷烟厂企业体制的深层次思考 [M]. 北京：中国金融出版社，1991.

下，质检人员要对进入制丝车间前的原料进行检查，对不合格的原料进行剔除或降级使用。另外，质检人员要根据卷烟原辅材料检验制度，对入库材料经常进行抽样检验。

在人员管理方面，褚时健采用了两大措施：

一是设立工艺科技部，由总工艺师兼部门主任，下辖工艺技术科、质检科、三级质量监督检测站和发酵车间。该部门的设立有助于工艺技术的前端试验研究，推动了许多创新工艺技术的诞生。对于后端监督检测，亦有专业保障。

二是下大力气不断充实工艺质量管理队伍，组成了一套从厂部到车间、班组的工艺管理组织保证网络，使现场工艺质量管理形成了自检（机台自检、车间工艺质量员在车间内的自检）—考核（厂部工艺质量巡回核查考核）—抽检（三集站每班抽检）—评议（厂产品质量评议委员会每半月评议一次）的宝塔形垂直监督体系。这样的方式，使工艺技术的操作过程有所保障。比如，在 1989 年，工艺人员和质量管理人员在现场跟班中，及时解决了工艺质量事故 13 起，反应并处理一般工艺质量问题 212 次。① 这些问题的及时解决，扫除了生产中的"地雷"，保证了流程的通畅。

---

① 褚时健，魏杰. 国有制企业模式探索：玉溪卷烟厂企业体制的深层次思考 [M]. 北京：中国金融出版社，1991.

从原料开始

问渠那得清如许？为有源头活水来。在褚时健坚持精细化管理的过程中，上游供应链的管理成为重中之重。

"你们呐，辜负了老天爷给的条件。"1984年，世界著名烟草专家、美籍华人左天觉受褚时健邀请到云南通海进行考察，直感叹云南烟叶可惜了。

日照长，热量充足，降水丰富，良好的水热条件使云南烟草赫赫有名，而云南的烟草，在烟草专家左天觉看来还有很大的弊端。首先是发育时间不够，云南烟农按照传统经验进行种植，在这种经验主义下常常错过了最佳种植时间，导致烟草生长期不够，烟叶大多发育不良。而偏偏烟叶的采摘时间又很早，优质烟叶需要含糖量与含碱量比例适当，云南烟叶往往还没生长至足够优质就被采摘制烟，糖量过高，卷烟自然味不够醇。左天觉还从土壤营养度进行了剖析，按照美国每公顷烟田化肥使用标准，中国每亩烟田需施肥100千克，而玉溪烟农在每亩烟田中只施肥40千克，土壤营养严重不足。还有种植密度问题，美国的烟地通常每亩种植 1050 棵烟草，而在云南，每亩烟地烟草种植多达 2200 棵，种植密度过高导致阳光只能照到烟草顶部，无法充分照射。

褚时健听了如醍醐灌顶，他早就发现无论中国烟叶如何进行加工，味道似乎总是比洋烟差了些，原来问题的根源就在于烟叶品质上。

20 世纪 80 年代，由于计划经济的体制限制，烟草行业的人就像铁路警察——各管一段，烟草栽种由农民负责，烟草收购由烟草公司负责，而卷烟厂只负责生产加工。1983 年，云南烟田种植面积 110 万亩，生产烟叶 14 万多吨，实际收购 13 万多吨，但其中上中等烟叶的比例比去年下降 7%，上等烟叶不到全部烟叶的 10%，这就意味着只能生产出 10% 的甲级烟。没有优质烟叶，如何生产质量上好的卷烟？在这样的忧虑下，褚时健开始思考烟叶原料问题。①

对于烟叶管理，褚时健有这样的构想：原料基地—优质烟叶—优质管理，即从建立自己的原料基地，到通过标准化、科学化的种植方法生产优质烟叶，再辅以科学的贮存方法，这三个环节可以画上等号，实现原料的优质供应。无疑，褚时健是一位卓有远见的智者，从眼

---

① 冯嘉雪. 褚时健：以身试法的烟草大王 [J]. 中国新时代，2008（5）.

前既得利益来看，改造原料基地这一生产资料将花费巨大的成本，但以长远的眼光来看，潜在的收益更惊人。

1985 年，褚时健在玉溪通海县建立起玉溪卷烟厂第一个"优质烟叶生产基地"，实验结果喜人，上等烟比例达到 42.12%，中等烟比例达到 49.25%，几乎达到了美国优质烟的水平，这更加坚定了褚时健从原料基地抓优质烟叶的管理之路。1986 年，褚时健结合云南省政府对烟厂实行的包干制度，在"以烟养烟"，投资发展烟草生产的基础上，实行原料生产与加工生产合二为一的管理模式，大规模建设原料生产基地，即"第一车间"。

此时在烟草种植方面，褚时健邀请了众多专家，按照当时的世界烟草种植标准，逐一改进现有的种烟方法弊病，做好烟草种植的每一环节的工作。

首先是移栽前的良种选用。玉溪卷烟厂通过配合政府，建立烤烟良种繁育基地、烤烟新品种选育基地，严抓烤烟的良种选用工作，培育出一批高产、优质、抗逆性强、适应性强的新品种；1991 年还积极引进烟草种子包衣丸粒化技术，设计研制出当时国内第一家的种子包衣丸粒化生产的配套措施，形成包衣种子生产的粉料搅拌—包衣丸化—分筛—烘干检测等项生产线，严格把控优质种子；在育苗阶段，一旦发现劣质烟苗一律组织铲苗，保证烟苗的优质。

其次是移栽技术的改进。玉溪卷烟厂在烟苗的移栽技术上进行了"四改":一是改高密度种植为合理密植。田烟亩栽1000—1200棵,地烟亩栽1200—1300棵,每亩都比原先少600—800棵。合理的密植保证烟叶能够充分接受阳光照射,进行光合作用,从而更加高产高质。二是改丁字形排列方式为单行等行距排列,横、竖、斜都是一条线,保障光照条件及营养面积较为均匀。三是改等雨迟栽为最佳节令抗旱栽烟,改变原先的种植时间,提前10—15天进行栽种,要求田烟5月20日、地烟5月30日栽种结束,这样在延长生长期的同时,能够充分利用5月的光热条件,使烟叶成熟,又能够避免9月下旬的低温影响,促进烟叶产量质量的提升。四是改移栽质量差为规格化移栽,提高移栽成活率。"第一车间"实行定向开墒打塘移栽,一把尺子下地,烟草栽成一个样,并且全部使用营养袋育苗带土移栽,边栽烟,边浇水,有效提高烟草的存活率。

同时,褚时健也强调对施肥技术进行改进,提高施肥数量,进行科学施肥。针对烟草专家左天觉的建议,玉溪卷烟厂普遍增加了肥料的用量,同时改变肥料结构,改铵态氮为主为以硝态氮与铵态氮相结合,增加磷肥为基肥的结构形式,提高肥料的效果。在这基础上,还强调农家肥料与化肥的结合使用,改变施肥方法,改浅施为深施,迟施为早施,基肥和追肥相结合,调节施肥总量。

在通过选育良种、做好移栽工作、改变肥料结构、封顶打杈彻底等工作使烟叶生长充足的基础上，"第一车间"还要求农户根据不同的品种、部位进行采摘，褚时健尤其强调，要等到采摘的烟叶完全成熟才行。

想要烟叶成熟，就必须推迟采摘时间，而采摘烟叶的季节，正是秋冬交迫之际，很有可能因为采摘时间的推迟而遇上冰雹灾害，一场冰雹就把烟农整年的辛苦破坏殆尽。于是，通常在烟叶尚未真正成熟时，烟农们就把烟叶采摘了。为了让烟叶彻底成熟，获得高品质的烟叶原料，褚时健嘱咐所有试验田推迟烟叶采摘时间，同时他给所有烟叶上了保险，如果遇到灾害，保险公司每赔偿 1 元，烟厂再赔付 1 元。双重保障打消了烟农在收益上的顾虑。有了保障，烟农都按照标准要求，在试验田的烟叶彻底成熟之后才进行采摘。玉溪卷烟厂的烟草质量，一下有了质的提升。

在褚时健和各方人员的努力下，"第一车间"不负众望，迎来丰收果实：1986 年，上等烟叶占全部烟叶比例为 14.2%，到了 1988 年，该比例高达 36%，中上等烟叶综合比例高达 85%，水平比肩美国，质量超越巴西和津巴布韦。玉溪卷烟厂的名声就此在业界传开，并形成了强大的长尾效应："第一车间"的成功获得了省政府的密切关注，试验基地在全省范围推广；1987 年，玉溪卷烟厂超过上海卷烟厂，成为业界领军；1988 年，来自四川、贵州、湖南等种烟大省的代表来到玉溪取经学习。到了20世纪90年代中期，当地烟农收入水平大幅度提高，在全国名列前茅。

对于玉溪卷烟厂而言，优质烟叶就是企业进行生产的重要条件，也是实现优质生产的物质基础，"以烟养烟"是褚时健卓有远见的一条出路，也是未来烟草行业的发展出路。

第六章

物资管理

　　每年的5—6月是果子抗旱最关键的时候，绝不能缺水，但有一年落果很多，当时褚时健想，过年前一定要把供水的管道修好，负责此事的办公室主任告诉他，管线很复杂，春节前肯定装不起来。褚时健说："本来25万元的费用就够了，我现在给你35万元，多请些工人，春节前必须装好。"

从铺设管道到有机肥的供应，物资的管理直接影响到企业生产的效率。

工业企业的物资是企业进行生产的重要条件，是实现生产过程的物质基础。根据国家物资管理体制，褚时健按照一定的原则、程序和方法来把握物资供需平衡，合理组织物资进厂、保管及发放，有效保证了烟厂再生产的顺利进行。烟厂生产工作涉及众多环节，过程中所需物资成千上万，规格型号繁多、来源复杂，如若管理不当，不但虚耗劳动力成本，还会影响资金流转进而损害企业总体经济效益。

可以说，物资管理水平的高低直接关系到企业效益的好坏，物资管理问题也是所有企业家无法回避的核心管理议题之一。[①]

---

① 景克明. 烟草工业现代化探索：玉溪卷烟厂优秀管理、技术论文选 [M]. 昆明：云南科技出版社，1990.

食堂的启示

褚橙的种植过程会碰到各种问题，管理烟厂同样如此，但是褚时健不让问题循环，他解决问题的很多方法都来自对生活的观察和启示。

抗日战争后期，昆明物价一度飞涨。当时青年褚时健在龙渊中学求学，一帮穷学生正值长身体的时候，生活费都不多，吃不饱饭是常事。为了能多吃一点，褚时健开始留意学校食堂的运营规律，并最终总结出了一个吃饭的小窍门。

他回忆说："食堂开饭的时候要排着队进去，我就争取人少的时候先进去，进去以后我只打半碗饭，别人打满满一碗，还没吃到嘴，我这半碗饭已经两三下扒完了，再去满满打一碗。这就等于他们每顿吃一碗，我可以吃到一碗半。那个时候就养成了这个习惯，直到现在，我吃饭都比别人快。"①

① 先燕云、张赋宇. 褚时健：影响企业家的企业家 [M]，湖南：湖南文艺出版社，2014.

有时早年形成的看待问题的角度要在多年后才能显露出它的独到之处。青年褚时健并不知道，他会在多年后的玉溪卷烟厂被物资管理的问题触动，并近乎本能地回想起自己"多吃半碗饭"的经典方案。

1979 年，褚时健走马上任，他用 7 年时间打造出一套联合产、供、销、内外贸、人、财、物一体化的管理体制。转变的历程困难重重，其中最烦琐、最艰巨的工作之一当属改善工厂的物资管理系统。

物资管理问题一直是玉溪卷烟厂的老大难问题。在计划经济时代，以"计划配给"为中心的物资管理模式占主导地位。玉溪厂的烟叶原料、生产辅料等都由国家统一调配。采购部门"为供应而供应"，通常在生产前几个月就提出原料需求，并一次性采购几个月内所需的原料用量。计划经济体制下的物资管理与生产管理严重脱节，超长的物资采购周期不仅占用大量资金，而且无法有效应对市场和生产的波动，给工厂的运营带来了巨大压力。

褚时健试图改善这种状况，提升物资管理系统的效率并降低成本。他意识到：提升系统效率的关键在于尽可能缩短物资流通（即货物周转）的时间，而物资流通时间又主要取决于产需衔接时间和物资运输时间。

褚时健首先从产需衔接时间出发，坚持物资管理为生产服务的基本思想。他认为："物资管理是为生产服务的，离开生产服务的大前提，物资管理就成了无源之水、

无本之木。"① 他对产需衔接时间的认识则来源于青年时
"多吃半碗饭"的经验。

中学食堂供应米饭的时间段是固定的,如果能将添饭时机从一个点增加到两个,那就意味着能在有限时间内获取到更大的米饭量。吃饭的速度可以自我调节,"少量多次"的添饭时机能够最大限度地增加供应弹性,使吃饭效率与米饭供应构成的系统达到最优状态。生产与物资供应的关系也有着类似的原理,如果将"添饭"看作"供应",将"吃饭"视为"生产",在固定的时间段内采取"少量多次"的供应方法,也能大幅优化生产供应系统的弹性。这样,随着生产效率的提升,物资供应系统也能随之快速运转。

在"少量多次"思路的指引下,褚时健提出:在保证正常生产的前提下,尽量减少物资的相对储备,并对物资管理人员和采购人员实施储备指标考核。例如,在储备人员奖金分配中明确划出界线,超过最高储备应罚多少,在储备范围内该拿多少,节约了库存资金又该奖励多少等;采购人员按质按量完成采购计划或节约了采购费用应奖励多少,未完成的应承担什么责任等。运用指标与个人收入挂钩的方式,褚时健真正将按经济规律办事落到了实处。

---

① 景克明. 烟草工业现代化探索:玉溪卷烟厂优秀管理、技术论文选 [M]. 昆明:云南科技出版社,1990.

管钱＋管物

加速流动资金周转、压缩流动资金占用是加强物资管理、提高经济效益的重要手段之一。物资储备反映在价格上就是流动资金的一部分，是资金的载体形态。物资库存合理，在不考虑价格因素的前提下，这部分流动资金占用也相对合理，其周转也相对较快，客观上起到了提高经济效益的作用。

做好经济核算工作，财务部门需要与物资部门协同。经济核算是物资管理工作的基础。经济核算利用价格形式，通过会计、审计、业务核算等工作，对物资管理全过程中的劳动消耗、资金占用和经营成果进行记录、计算、控制、分析和对比。它不仅要求企业作为一个整体统一进行考核，还必须在企业内部各部门甚至各班组分别进行经济核算。

褚时健在管理玉溪卷烟厂时，不断深化物资的经济核算方式，将管钱与管物相结合，力求将厂内流动过程中的"财""物"动态匹配化、透明化。

后来，玉溪卷烟厂启动二级经济核算，资金与物资的对应关系达成深度匹配。过去由于资料与物资分离，有些被大量浪费的物料不会在财务层面反馈出来。改革后，类似的浪费现象销声匿迹。例如，过去在废料堆里还能发现好材料，经济核算改革后此类浪费再没发生。改革的另一效应是增强了采购的计划性。物资在生产过程中的被使用、消耗、废弃等相关信息可以被采购部门分析掌握，大大加强了物资形态的可预测性，采购人员疲于奔命的现象也得到了缓解。

经济核算改革前，财务部和物资管理部门在组织层面也存在很大隔阂。物资管理人员关心的往往是物资库存量，对财务人员关心的流动资金指标并不重视；而流动资金指标又依赖于物资管理的效果。两个组织部门在企业系统层面有深度的因果关联，但在目标层面却并不统一。这导致厂里流动资金年年喊降年年增，老积压还未处理新积压包袱又背上。

为此，褚时健推动财务部门和物资部门约法三章，共同监督，定期检查。把各项资金使用计划落实到具体主管部门，对有关计划人员下达控制指标，并对指标完成情况进行认真分析研究，对不合理部分及时修改调整，实行奖惩举措相结合。为确保实施效果，褚时健还将上述机制规定为人员岗位责任制的重要内容。

进行经济核算，将管钱和管物相结合后，玉溪卷烟厂的物资流通效率提升，成本降低，全厂面貌焕然一新。

从计划出发

物资是企业生产当中必不可少的基本点，如何对物资进行合理地计划，是现代化管理中的一个重要问题。所谓物资计划管理，就是用计划来组织、领导、监督、调节物资的衔接和使用，以便更好地适应企业各项工作对物资管理的要求。有效的物资计划管理是企业能够科学有效运行的重要基础。

对物资进行计划管理是为了从实际出发，更好地满足企业的生产需要。生产部门的工作目标可以明明白白地规定清楚，比如生产的产量、质量合格率等，但物资部门的工作量化并不能像生产部门一样，完全规定清楚。因此，根据这一特点，在管理物资部门的时候，只能采用目标管理的方法。此时做好预测工作，制定加强物资管理的各项目标尤为重要。制定目标的设定要尽可能数量化，且具有一定的挑战性，做到科学合理地通过目标对物资部门进行管理。

比如，玉溪卷烟厂对计划人员规定其所管物资占用资金的最高限度，促使其精打细算，合理使用资金；对采购员规定其采购任务完成率及采购费用指标，促使其在完成任务的同时，尽量降低采购费用；对仓管员下达盈亏率指标，促使其在仓管工作中兢兢业业完成任务。①通过目标的设定，计划管理使物资管理工作达到了事半功倍的效果。

制定了一定的目标，达到目标的行动也必不可少。如果目标足够合理，而行动不合理，目标最终也难完成。有意思的是，中国管理学教授陈春花曾提出，在计划管理中，如果目标存在不合理性，但是辅以合理的行动，却很有可能促使目标的达成。这其实强调了一种主观能动性的发挥，物资管理工作也是如此。在计划管理物资时，要制定目标，使努力目标能够达到激励作用，同时要落实好各项目标的实施，建立健全配套监察制度。玉溪卷烟厂定期检查、考核评比物资计划管理目标的落地情况，与各项奖惩制度配套，使计划管理常管常新，催人奋进。

同时，玉溪卷烟厂的物资计划管理也有效借助现代化预算管理的方法与理念。当有物资采购需要时，生产部门提交材料计划，财务部门和业务部门对其物资计划

---

① 景克明. 烟草工业现代化探索：玉溪卷烟厂优秀管理、技术论文选 [M]. 昆明：云南科技出版社，1990.

进行审查，通过后则进行目录编制，记录在案。通过这种方式，玉溪卷烟厂的物资采购能做到事前控制，避免采购的盲目性和重复性，同时能够及时根据现有物资进行审查，有效地避免物资过多而造成积压浪费。

未雨绸缪历来是褚时健的管理智慧，在物资管理上，他也强调搞好预测工作，通过预测，掌握多样信息，从而使物资主动去服务好生产。

在管理褚橙的时候，褚时健越往后管理，他的预判能力越强。比如果子从 11 月初开始采摘，必须在 40 天内采完，每天大概采摘 400—500 吨的数量，如果不采完，就会影响明年的产量。果子成熟以后如果一直挂在树上，同样会消耗营养，如果定时摘完，果树的营养就会累积到下一季。

管理玉溪烟厂同样如此，玉溪卷烟厂的机电配件管理的改变就印证了这个道理。一开始，卷烟厂根本不做预测工作，在机电配件的采购及使用上盲目性很大，这在一定程度上限制了发展卷烟生产的速度。为了进一步服务好生产，使物资管理更为科学合理，卷烟厂物资部门改变原先的方法，加强预测工作，主动掌握信息，比如他们派人深入车间，深入了解物资的消耗情况，据此预测出物资的需求，变主动为被动，把工作做在了前头，有时在车间还未报采购计划工作时，物资部门已经采购好一些物资到厂，真正做到了未雨绸缪，提高了生产效率。

在预测工作之前，玉溪卷烟厂也做了许多计划管理的基础工作。首先是调查、收集，分析各种原始资料信息，卷烟厂既注意到车间的物资生产及消耗情况，也注意到其他物资的供求信息，做到合理统筹规划。其次，预测工作科学化，玉溪卷烟厂逐步运用各种数学模型，如综合平衡物资数学模型、单一物资平衡模型、周存控制模型等，使预测工作更加规范化、条理化。[①] 此外，褚时健特别强调对车间的调查研究，深入第一线，了解物资使用情况的实时动态，增加基础资料的准确性和可信度，使预测更为正确。

坚持了计划管理，物资管理工作就显得主动、有效率。当没有健全的物资管理制度时，玉溪卷烟厂的计划管理工作较为零乱，其结果是服务生产力不从心，极大地影响了生产效率。

在狠抓计划管理之后，玉溪卷烟厂取得了很好的效果，短短几个月就改变了物资供应工作的被动局面，这充分显示出计划管理的强大生命力。

褚橙基地的物资供应也是如此，比如有机肥的发酵和准备，是严格按照计划来的，既定时又定量。

---

① 景克明. 烟草工业现代化探索：玉溪卷烟厂优秀管理、技术论文选 [M]. 昆明：云南科技出版社，1990.

仓储管理"两化"

如今的褚橙销售看起来好像不涉及仓储管理，可是从产品的特点看，水果尽管需要快速出货，但同样面临仓储问题。在褚橙的生产环节，生产资料也同样涉及仓储管理。

所谓仓储管理，指的是对仓库和仓库中储存的物资进行管理。过去仓库被看成是一个无附加价值的成本中心，现在仓库不仅被看成是形成附加价值过程中的一部分，而且是企业成功经营的一个关键因素。重视仓储管理成为现代企业管理的工作重心之一，玉溪卷烟厂也不例外。

卷烟质量的基础是烟叶，卷烟产品质量的稳定与提高，很大程度上取决于烟叶的质量，而烟叶又是一种价值高、储量大、储存期长的物品，易碎、易燃、易霉变、易虫蚀，稍有不慎，就会造成巨大损失。每年，烟草行业因为保管不完善而造成的经济损失可达数十万元，烟叶的仓储管理成为当时很多卷烟厂头疼的问题。对于玉溪卷烟厂来说，卷烟产品之所以能畅销市场，究其根本原因是质优，而这又与卷烟厂使用科学合理的烟叶仓储管理方式，坚持用上等烟叶储存两年、中等烟叶储存一年的烟叶仓储脱不了关系。

从农民手中收购初烤烟叶到投入卷烟生产线，是卷烟产品质量的一个重要环节，具体工序为：初烤烟—质检—过磅—密封降氧保护—储存—重新分级—复烤—自然醇化—供卷烟生产。在这一系列搬运、加工及保管的过程中，玉溪卷烟厂坚持使用科学的管理方法，更好地完成仓储工作。

玉溪卷烟厂率先运用机械化来进行物资管理，比如从初烤烟叶进厂到醇化烟叶再到车间投料，中间历经反复地搬运、堆码工作，当时每年出入库的烟叶可达6万—7万吨。以往搬运工作都是仓库工人来做，工作量巨大，劳动强度极大，且搬运速度慢。而卷烟厂通过技术革新，引进大量小型提升机、皮带传送机等机器，通过实现机械化解决了仓库的运输问题，减轻工人劳动强度的同时也提高了工效，与此同时，这大大减少了烟叶的破损损失，更好地满足了卷烟生产需要。

不仅仅是烟叶，现代化的技术设备也属于物资之一，褚时健对其也辅以严格的管理。当时褚时健邀请了很多国外专家来指导玉溪卷烟厂的生产。意大利高级技术人员塞鸠给了他一个公式：现代化企业效益 = 产品的质量＋数量＝设备＋维护保养。他认为，对技术设备的保养，就是对产品的质量、产量的保障，二者是画等号的，能够共同提升企业的生产效益。这个公式受到褚时健的高度重视，根据这个建议，烟厂开始重视加强维护、保养设备的工作，制定出严格的设备维护保养制度。比如卷烟主要的生产车间四车间，必须坚持所有设备的"日清扫制度"。由车间组织一支 50 人的专职清扫队伍，每日中班后，逐台、逐机、逐部位清扫车间的设备及环境，保证在下一次开机前，所有机器都处于干干净净的状态。从成本上讲，清洗设备属于一项额外费用，但是清洗过后的进口设备，一改以往故障频发的状态，运转得更加高效，始终保持着高效率的生产能力，反而在一定程度上节约了管理成本。

在仓储管理中，对物资品种进行梳理，实现其规格化和标准化也是一项重要任务。企业生产需要一定品种、规格的各项原材料及各种物资，如烟叶和设备就是玉溪卷烟厂的重要物资，对库存品种进行相对合理的标准化和定型化工作，能够有效地提高物资管理水平。[①]如果物资品种过多和规格过密，势必会增加仓位和数量，增加管理人员的重复劳动，从而影响流动资金周转，增加管

① 肖胜萍，萧鹏. 现代物流管理：物流现场运筹经典 [M]. 北京：中国纺织出版社，2002.

理费用，最终影响企业经济效益。① 如玉溪卷烟厂进口配件的管理工作，由于设备比较复杂，以往配件都是分机型管理，极大地占据了仓库容量，并不利于实行计划管理与节省费用。于是，褚时健对其进行改进，建立归口管理，把各种机型的轴承、传动带、密封圈等项物资分类管理，这样的做法既挖掘了仓库潜力，也在一定程度上推动着计划管理，使物资的存储地方及使用状况都有迹可循，对企业经济效益的提高起了一定作用。

玉溪卷烟厂还强调对废旧资料的管理和清仓利库工作。在生产过程中，一些废旧物资是不可避免产生的，它们会在不同程度上占用库存。因此，玉溪卷烟厂在管理好新的物资以外，还做着废旧物资的管理和清仓利库工作。首先是尽量回收废旧物资，玉溪卷烟厂根据企业的生产和用料特点，在健全消耗定额的基础上，对废旧物资进行价值评估，尽量回收仍具有资源价值的废旧物资。同时，做好清仓利库工作，该丢弃的及时丢弃，能处理的酌情处理，把资金用在生产的刀刃上。这使玉溪卷烟厂的库存结构逐步趋于合理，科学合理的仓储管理为提高卷烟厂的经济效益创造了条件。

废旧物资的整理及清仓利库其实也体现在运用库存

---

① 景克明. 烟草工业现代化探索：玉溪卷烟厂优秀管理、技术论文选 [M]. 昆明：云南科技出版社，1990.

控制技术。一旦放在仓库的物资不进行流通及使用，那么其带来的经济效益就是有限的。物资管理的一个重要内容就是库存控制，尽可能地减少库存，将现有物资充分利用到生产中去，使资源有效地转化为经济效益。因此，物资管理，必须要提高仓库的管理水平，在保证正常生产的前提下，使库存成本费用保持最低。

仓库是企业连接供应方和需求方的桥梁。从供应方的角度来看，作为流通中心的仓库要从事有效率的流通加工、库存管理、运输和配送等活动。从需求方的角度来看，作为流通中心的仓库必须以最大的灵活性和及时性满足各类顾客的需要。因此，对于企业来说，仓储管理的意义重大。搞好仓库管理，对加强物资管理具有重大意义。

玉溪卷烟厂也一直根据烟叶产量及仓库容量，不断地进行仓库建设。早在1981年，玉溪卷烟厂的第三代仓库就已达到现代化的质量水平，总面积达到23706平方米，结构坚固，设施齐全，运输条件好，同时合理划分库区，实现专人专管，按照保管质量要求及定额指标，通过严格的出入库手续及安全制度，实现了科学的仓库管理。

回头来看褚橙，在达到一定量产以后，褚橙在玉溪建立了仓储基地。后来褚橙要扩展新的种植基地的时候，仓储成为重要的考量指标，因为从果下树到分拣包装，再发送到市场上，仓储需要有灵活的周转空间和时间。

第七章

质量管理

质量问题我们从不轻易放过。质量怎么提高？遇到问题怎么办？凡事都有它自身的规律，急不得。

——褚时健

褚时健可以说是为质量而生的，无论是早期烤酒还是后来管理大型国企，再到高龄创业，质量被他视为生命线，可以说他的成功都是围绕产品质量开始的。

这一套关于褚时健的管理、经营和干法的作品，里面更多介绍的是烟厂的案例，从经营体量来说，褚时健的整个管理成果，是一个橄榄形的状态，即早期从零开始，管理规模较小的企业，他的巅峰是在管理烟厂期间，至于后期创业，过程非常成功，但从经营体量上来说，要比烟厂小。

继续来看质量问题，无论企业规模大小，质量都是第一位的，而褚时健的管理是全面的质量管理体系，他推崇的一个一个解决问题的方式，也符合全面质量管理的特征。

20世纪50年代，美国著名质量管理专家戴明博士，在日本开展质量管理讲座。日本人从中学习了这种全新的质量管理方式，并在实践中不断对这一理念进行丰富和完善。到了 20 世纪 70 年代，全面质量管理的提法已经在日本被当作一门科学来对待，同时在国际企业管理中得到普及。

所谓全面质量管理，其实就是一个组织以产品质量为核心，以全员参与为基础，通过让顾客满意和本组织所有者及社会等相关方受益，而建立起一套科学严密高效的质量体系，从而提供满足用户需要产品的全部活动。

虽然从日本到云南隔着千山万水，但是管理的理念却息息相通。褚时健当时在玉溪卷烟厂实行的一套质量管理体系，也正是以产品质量为核心进行的全面的生产经营活动。

抓质量＋监督

　　"我15岁酿酒，酿得很好；然后开始制糖，把一个亏损30万元的小厂变成盈利30万元的厂；再接着做烟，从玉溪一个小地方，做到'亚洲烟王'；到了75岁种橙子，现在看来也算是成功吧。所有这些，我觉得能够成功的一个关键因素，就是我认定了一样东西，就有一种'夯'劲儿。"褚时健自评，成功是因为有认真的态度。

　　我们回到他的历史中去看，会发现，褚时健对于质量的重视是两手抓，一手抓质量、一手抓监督。

　　1983年左右，提起武汉卷烟厂的"永光"牌香烟，想必是无人不知，那时市面上还没有流行卷烟，"永光"牌香烟便是烟中翘楚，顶尖的好货。原本产品大受欢迎、供不应求，对于厂家而言是一件好事。可是当时的厂领导却"头脑一热"，在没有足够的生产能力和质检能力的情况下，决定马上扩大产能，提高销量，将原本生产其他品牌的设备都投入"永光"的生产。由于设备差异，加上急功近利的心态，武汉卷烟厂对产品的质量管理变得十分松懈，导致后来流通在市面上的"永光"牌香烟质量大打折扣。当时的烟民把"永光"的毛病编成顺口溜："气从缝中漏，火从心里来""梗带叶，叶带梗，一支香烟三点火"……以前凭票才能买到一两包"永光"，到最后再没有烟民以抽到"永光"为荣了。

彼时的云南厂家正在大举引进先进设备，狠抓质量生产，提高产品档次，于是在 1987 年公布的全国名牌卷烟中，云南囊括十之八九。在市场占有率上，当年云南卷烟省外销量高达 200 万箱。

这一起一伏、一兴一衰，褚时健都看在眼里。不仅看在眼里，作为玉溪卷烟厂的掌门人，他更是这场进军中原"战役"的主要参与者。他手上攥着的王牌，便是那条质量"金线"。1979 年，褚时健刚到玉溪卷烟厂时，第一件事便是狠抓质量管理。影响香烟质量的多种因素，按照制作流程，我们可以简单归纳为原料、生产和封装三个环节。

在原料环节，除了采购最优质的烟叶之外，发酵方式是直接影响香烟品质的因素之一。当时，玉溪卷烟厂和国内绝大部分烟厂一样，都采用人工发酵的方式生产香烟，这种方式的优势在于发酵时间短（两周左右）、成本低，但劣势也明显，有杂味，发酵后的烟草品质不够好。另外一种便是国外卷烟厂常用的自然发酵，自然发酵虽然可以保证香烟醇厚的味道和较高的品质，但是长达两年的发酵时间，对于企业的投入而言，负担极大。

从当时的国内烟草消费市场来看，烟民的消费能力和品位还没有上升到追求自然发酵香烟的阶段。但是褚时健发现，国外烟厂基本上都是自然发酵，这样生产出来的卷烟质量上佳，且极受市场欢迎。质量是企业的生命，褚时健主张立即采用自然发酵，以提升香烟品质。为达到自然发酵的需求，玉溪卷烟厂用更多的仓储空间来存放烟草，还花费更多的人力物力进行维护，而收益则在一到两年后才能看到。在没有见到收益之前，谁敢说这个投资是值得的？褚时健就敢。甚至在 1982 年，为了储藏 30 万担烟草，玉溪卷烟厂不得不向银行大量举债，每年光利息就高达 800 万元。

褚时健的性格是"咬定青山不放松"，只要认准的事情，无论多大压力都要坚持下来。在当时，他顶着巨额债务和公司内部反对、怀疑的声音，要做到这一步，实则不易。但也正是因为褚时健对自然发酵工艺的坚持，才让玉溪卷烟厂在原材料的品质上走在了国内厂商的前列。原料品质的提高，等于为万层高塔打下了坚实的地基。

在解决原料问题的同时，褚时健更焦虑的还是制烟环节。虽然原材料的优劣是品质好坏的基础，但是制烟环节流程复杂，不便于把控，对生产质量起着更重要的作用。他认为，没有规矩不成方圆，没有生产工艺标准又怎能生产出高质量的产品？为此他制定了严格细致的工艺技术法规。

1985年9月，中国烟草总公司颁布《卷烟工艺规范》，要求全行业将其作为重要技术法规贯彻执行。1988年初，玉溪卷烟厂结合自身的实际情况，制定了以《卷烟工艺规范》为依据的《卷烟工艺质量标准》等三大工艺技术法规。另外为弥补三大工艺基础法规的不足之处，玉溪卷烟厂还制定了《工艺纪律考核标准》。这些法规对于卷烟生产的现场工艺质量管理及卷烟产品质量管理等都起到了重要的作用。[①]

玉溪卷烟厂的不少卷烟工艺标准都是高于上级标准的，比如打叶质量、烘丝水分等。而对于出口烟的工艺标准，玉溪卷烟厂还增加了《卷烟国家标准》里所没有的内容，如在制品的工艺质量、打叶质量、烘丝水分、卷接质量、烟支爆口的工艺标准上，特别增加了小包透明纸内不得有烟末的要求。在这些技术法规的实施过程中，玉溪卷烟厂不断进行完善和调整，不论是充实还是增订，都要在经过现场执行人员对产品质量、物资消耗等方面的综合考虑后，方才实施。

工艺标准已有，落实及监测标准的实施也尤为重

---

① 中国烟草工作编辑部. 中国烟草史话 [M]. 北京：中国轻工业出版社，1993.

要。在褚时健的带领下，1986 年 8 月，玉溪卷烟厂组建起质量管理机构。这个质量管理机构下设质检科、TQC（Total Quality Control，全面质量控制）办公室、三级质量监督检测站等。为了将质量考核严格化，玉溪卷烟厂还建立了 151 种原始记录、79 本台账、1 万多张卡片及 105 种报表，还在全厂设立了 6 个生产工艺管理点。在每个关键岗位除分布 84 名质检员外，还任命了 11 名车间专职工艺员，根据工艺科制定的《卷烟生产质量检验及计分方法》，制定了《月份质量考核细节》等规章制度，从制度上保证产品的质量。为了能及时对生产过程中产生的质量问题做出反馈，以免问题产品流入下一个环节，褚时健还在生产区实行"作业长制"，目的是为了尽量在当场解决问题，不让问题过夜。

玉溪卷烟厂的质量监管采用预防为主、不断改进的思想。质量管理的最大特征，可以说是以推断统计学的理论为基础，根据不良品的发生频率，设定了一个高度合理的可接受质量标准的样品数。而过去，大部分的卷烟质量监控只停留在成品检验层面，只是为了找出不良品的检验，对减少不良品的数量作用很小。优质的产品质量是设计和生产制造出来的，不是由质量检验决定的。

褚时健正是意识到这一点，严抓卷烟厂的每一道生产工序，把玉溪卷烟厂质量管理工作的重点，从"事后把关"转移到"事前预防"上来，不良品被扼杀在它的形成过程之中，做到"防患于未然"。

做烟是在生产线上流水线作业，相对容易标准化。而种橙则是漫长地摸索过程，时间以季节计算，经过反复的试验，最终褚时健把橙子的质量做到了领先的水平。

立体化质量管理

王石说褚时健是一位精算师。褚时健很少向别人袒露自己的心路历程，而在管理上，他始终承认，自己有一种认真精神，一种细致精神。

这种精神落实到管理中就是立体化的质量管理，对于企业而言，每一个环节都有耗能，烟厂的锅炉最为典型，如果能压缩消耗，就是在变相创造利润。

1988 年，国家对 13 个名优烟放开价格，玉溪卷烟厂有四个牌号的卷烟名列其中。放开价格，意味着质量更是影响市场占有的关键因素。要想继续保持行业领先地位，同时也是维护玉溪卷烟厂的信誉、企业形象，就要进一步加强对卷烟生产质量的把控。

当时，其他卷烟厂的普遍做法是把质量监控的重点放在车间一级。通过二级监管的方式，对成品进行检测，把控班组和车间的制烟流程。但是褚时健认为，这样的做法容易产生本位主义，因为与消费者直接接触的是厂部而非车间。消费者接触的终端产品是卷烟，厂部和消费者通过卷烟建立起联系，在消费者只认烟厂的情况下，怎么能把质量监察停留在生产车间一级？他认为香烟的质量监管重点自然要放在厂一级，只有经过厂一级的质量检测，严格把控卷烟生产的每一道工序，高质量成品才能进入市场。为此，玉溪卷烟厂主要通过两大举措进行质量监管。

第一个举措是调整玉溪卷烟厂的质检机构，撤销了原来的厂部质检科，成立了工艺科技部。而工艺科技部下设工艺技术科、质量检查科、发酵车间和三级工艺质量监督观测站。这样就把原来质检科的在线检验职能归属于每个生产部，而成品的检验则全部交给厂三级工艺质量监督观测站，没有三级工艺质量监督观测站的同意，成品绝对不能出厂，这样便加强了各生产部门对质量和工艺的管理。

工欲善其事，必先利其器。为提高检测效果的准确性，当时玉溪卷烟厂还拥有120万元的检测设备，既能进行常规化验，也能进行化学分析和物理检测，其核心就是让质量能够标准化、制度化，避免感官造成的干扰。三级站原来的样品检测频率是每天16个，但经过几轮测算后，检测的频率增加为90个，这进一步推动了卷烟产品质量检测的标准化和制度化。

第二个举措是建立起一套宝塔形垂直监督体系。宝塔的底部由机台和车间工艺质量员的自检组成，宝塔的第二层是三级站每班的抽检，宝塔的顶部则是厂产品质量评议委员会每半月的评议。评议委员会由 40 名成员组成，聘请评吸专家、有经验的配方工艺人员担任评委，并一直坚持半个月举行一次质量评议会，将评吸结果反馈给生产部门，找出质量问题，加强质量工作的预测性，将影响产品质量的因素消灭在萌芽中。这样层层递进，关关严守，不合格的原料不使用，不合格的制品不留产，不合格的产品不出厂，从厂部到车间的工艺管理组织网络便形成了。

褚时健的立体化质量管理体系就此搭建完成，这套体系运作以来，光是在 1989 年就解决了 13 起工艺质量事故，处理一般工艺质量问题 212 次。在这一过程中还结合了现场工艺人员的管理意见，建立起黏合剂定期监测制度，提高了玉溪卷烟的外观质量。同时三级站在检测分析工作中，基本做到了当月生产当月检，当日生产不漏检，抽检样品及时检。

褚时健刚开始推出管理体制时遭到了不少人的反对。因为它实际上缩减了车间在质量检查上的权力，加大了厂对车间和工人的监管。车间认为这是对车间的不信任，而工人则认为这是在故意刁难员工。"以前的质量管理方式做了那么多年，怎么说变就变了？"

这种不满和怀疑随着管理措施的实施在不断滋长，甚至有人故意在质量问题上挤兑质量管理员。有一次，一个工人将 20 个次品混在了正品里，当场被质量管理员发现，按照规定要罚款 70 元。这名工人不服从处罚，他身边的其他工友也帮其说话。这时，褚时健来了，他明确支持质量管理员的做法，当即通知会计从工资里扣除该名员工的罚款。这次事件让员工们明白：在质量管理问题上，褚时健是动真格的，之后工人们再也不敢在质量上马虎了。

在落实相关措施的过程中，褚时健还提出人人负责、层层把关的要求。特别是在处罚上，往往先拿领导开刀。有一次，"红塔山"牌香烟的一批包装商标出了差错，按照厂内有关条例，当即先扣厂长 120 元，扣党委书记 80 元，主管质量的科室和车间干部共 14 人也不同程度受到了处罚。现在看来 120 元只是个小数目，但在 20 世纪 80 年代，这却是一线员工大半个月的工资。这件事在卷烟厂内引起了强烈的反响。从领导到基层员工无一不受震动。如果说上一次扣罚是为了让员工端正在质量问题上的工作态度，那么这一次开"杀"戒，则迅速扭转了生产上的混乱局面，让卷烟质量合格率连年保持在 100%。这次处罚的效果也是立竿见影的，甲级烟"红塔山"在众多香烟品牌中脱颖而出，被评为国优产品；曾经因为品质不佳，"倒霉"的"红梅"牌香烟也再次凭借过硬的质量成为国内外市场上的俏货。

全员质量意识

褚时健在管理褚橙的时候，有一个操作手册，他先解决大的问题，然后解决小的问题，小问题很细，比如剪枝要离树干 10 厘米，剪多长，剪几次，什么时间剪，这些都有规定。通过细致地管理，使全体员工都具有强烈的质量意识和标准意识。

从全过程的角度来看，质量产生、形成和实现的整个过程是由多个相互联系、相互影响的环节组成的，每一个环节都或轻或重地影响着最终的质量状况。企业全体职工的质量意识更是和产品质量密切相关，员工哪怕只有一个环节没有做好，产品质量都会受到影响。①

1985 年 11 月的一天，包装车间有个工人错将 2 万支"红梅"加进了生产"阿诗玛"的包装机内，等到发现时已经加进了 8000 支。在接到报告后，褚时健立即通知质检科，不惜人力物力组织数十位质检人员，重新打开可能

---

① 王德清. 企业管理学 [M]. 重庆：重庆大学出版社，2004.

混装的 33 件烟，连夜从 16500 包卷烟中拣出了"红梅"。

工人的一时失误，却险些造成重大工厂事故，这件事让褚时健强烈意识到，必须加强职工的质量管理意识。人作为生产环节中最重要的因素，其素质高低，掌握技能的数量程度，积极性和主观能动性，直接影响着生产质量的好坏。光有先进的技术设备，没有优秀的技术人员，要生产高品质的香烟也是纸上谈兵。

玉溪卷烟厂经常给职工灌输市场竞争意识，强调只有靠高质量的产品才能立于不败之地，并大讲提高产品质量的迫切性和重要性。褚时健还把消费者来信的反映的问题和要求转述给员工，指出烟厂在工作中的不足和欠缺。同时，全厂也按规划坚持不懈地进行全面质量管理基本知识教育。

据统计，在 1987—1989 年三年时间里，全厂累计有 3643 人接受了 TQC 教育，并且学习时间都在 48 小时以上，学习率达到 90.33%。全厂领到国家质协和省协结业证书的有 1632 人，领证率达到 40.24%。1989 年有 23 个 QC 小组活动取得成果，创造经济效益 174 万元，2 个小组被评为省优秀 QC 小组。1989—1990 年玉溪卷烟厂又组织了 596 人参加 66 个 QC 小组活动。[①] 玉溪卷烟厂组织职工开展创优质、增效益的劳动竞赛，使质量

---

① 程永照，李辉. 玉烟天下 [M]. 北京：人民文学出版社，1996.

教育做到经常化、多样化、制度化。通过质量意识教育、使职工牢固树立"质量第一"的意识，掌握了质量管理的一般理论和方法，推动质量管理工作逐步完善，保证了卷烟产品的质量。

其次，玉溪卷烟厂把质量指标与经济利益挂钩。褚时健应国家经委要求，在玉溪卷烟厂推行"质量否决权"，将承包经营责任制和"质量否决权"挂钩，把质量指标放在了绩效评定的第一位，它可以否决其他指标。然后把职工工资、奖金及其他补贴与质量指标捆绑在一起，让员工的收入和质量指标成正比。时任玉溪卷烟厂副厂长的乔正荣曾经讲道，根据玉溪卷烟厂的实际情况，车间科室达到企业所定指标分数，可拿到 80% 的工资奖金，高于标准的逐渐提高，直至拿到全部工资奖金。若达到优质标准的，厂部可以另行嘉奖。反之，质量未达标的个人、车间，其工资奖金也会逐渐递减。这样，通过质量政策将个人与企业的经济效益挂钩，一方面调动了员工的生产积极性，另一方面让质量意识深入人心。

只有一流的工作质量才能确保一流的产品质量，质量就是效益，经过褚时健和玉溪卷烟厂的不断坚持，玉烟在市面上的身价日益提高。"七五"期间，玉溪卷烟厂生产的"红塔山"被评为"国优"产品。1989 年，在云南省省二级站抽检中，玉溪卷烟厂的产品连续 4 年月月保持 100% 合格率，且全年产品畅销，一年比一年的经济收益好，这离不开每一位员工对质量的把控。

　　褚时健相信，质量越好，效益越好。如何实现高质量？首先要提高全员的质量意识，大家统一了对质量的认同，然后再将标准贯彻下去。以前农业要"靠天吃饭"，而他则坚持认为，企业要靠管理吃饭。

"走出去，请进来"

褚时健十分重视来自市场的声音，希望获得市场的反馈。有一次我们带人去玉溪拜访他，他问大家从哪个市场过来，然后首先是把市场的情况问了一遍。

做褚橙的时候如此，做烟的时候也一样。在我们看来，褚橙后来取得市场的成功，多半的经营和管理经验来自褚时健管理烟厂时的探索。从定价体系到经销商模式的探索，两者都如出一辙。

随着"红梅""红塔山"的风靡，玉烟的高质量就像一种荣誉，促使着全体员工去维护。于是在有玉烟消费的地方，时不时地会出现玉溪卷烟厂的人，他们当然不是为了推销，因为在大部分时间里，玉溪卷烟厂的产品已经不需要自己推销了，他们是为了了解消费者的建议与意见，做好售后服务。

玉溪卷烟厂的售后服务中也融入了褚时健的紧抓质量的意识，通过遍布全国的经销网络和特约店、信息网点，他安排玉溪卷烟厂员工深入了解当地市场信息，调查市场情况，并及时向总部汇报。除此之外，他还专门成立了"全面质量管理科"，其主要任务之一就是处理消费者的来信。这些来自全国各地的信件，饱含着消费者对玉烟的期许和厚望，质量检查科的职员们也深知这些信件的重要性，他们仔细在每个信封上标注收信的日期和处理办法。

有一位来自克拉玛依油田的消费者，发现了两根有问题的"红塔山"香烟，随即他写了一封信，并将出了问题的香烟夹在信件中寄到玉溪卷烟厂。没想到玉溪卷烟厂查明情况后，给这位消费者回寄道歉信并附上一盒"红塔山"。这让消费者十分感动，在回信中他这样写道："愿贵厂生产的香烟名牌永葆，永远深受消费者的喜爱。"

这样的信件在"全面质量管理科"比比皆是，而翻开玉溪卷烟厂的年度信函登记表卷宗，我们会发现，仅1994年一年，玉溪卷烟厂就处理了来自全国的各类信件247封。而这200多封信件还分为几个大类，如卷烟卷制质量、卷烟质量咨询。每个大类下面还记录了相关信件的数量、赔偿给消费者的卷烟数，以及解决问题的人员等。

褚时健深知提供优质的服务，能够拉近与消费者的关系，从而进一步在竞争中取得优势，于是他特别强调玉烟的售后服务。他告诉职工，只要是收到了消费者的反映和投诉，不管是发生少包、少条还是质量方面的问题，一定要坚持及时派专人去现场调查。如果是企业的过错，就要诚恳地赔礼道歉，主动赔偿消费者损失；即使不属于企业的问题，也要虚心解释，消除其中的误会。

1989 年，广西东兰县消费者协会给玉溪卷烟厂来信反映"红梅"有熄火的现象，收到信的玉溪卷烟厂立刻派出质量管理人员到当地调查情况。当时接待质量管理人员的领导感慨地说："没想到你们那么快就派人来处理，你们这种负责任的精神真了不起。玉溪香烟在市场如此热销不是没有原因的，除了自身的产品质量好，还与你们负责任的精神有关。"

玉溪卷烟厂还主动走出来，邀请各省、市、自治区的香烟单位代表来厂参加大型的卷烟质量评议会，参观玉溪卷烟厂的烤烟基地。在会上，代表们对玉溪卷烟厂的香烟进行了认真的评议。在此过程中，玉溪卷烟厂共搜集到 200 多条信息，为玉溪卷烟厂下一步保质保量的发展提供了很多宝贵建议。

这就是玉溪卷烟厂坚持做好售后服务所带来的好处，站在消费者的角度，处处维护消费者的利益，消费者便会更加依赖玉溪卷烟厂，从而提高玉溪卷烟厂的声誉，让玉溪产品在市场上站得更稳更久。

今天，服务经济已占主导，服务的价值越发重要，服务好方能制胜。现代企业的基本战略布局都在逐渐向服务战略创新倾斜，而在整个的服务经济里，售后服务尤其重要。

售后服务的出现不是凭空的，而是市场竞争产生的结果，当行业发展到一定阶段，每个企业的制造技术已经没有明显的差别，那么售后服务就显得尤为重要。只有将售后服务做好，才能赢得消费者的心，才能获得市场。

售后服务在各个产品市场领域中都起着至关重要的作用，真诚、热情的售后服务能带给消费者更多更好的体验，从而获得消费者的信赖，在市场竞争中取得优势。如今，谁能给消费者提供优质的服务，谁就能占据更多的市场份额，要想让消费者满意，那就要做出竞争对手做不到、想不到的超值服务，使售后服务在企业的发展中发挥着独特的作用，推动企业向良好和健康的方向发展，这也为企业的长期发展奠定了良好的基础。

不难看出，褚时健的全面质量管理通过生产环节多层次、多角度的质量培训、质量检测、市场质量反馈等方式，尽可能确保流入市场的产品没有瑕疵，维护了良好的企业信誉。

第八章

市场管理

　　头几年可能大家因为是我种的橙子，因为好奇心去买来吃吃，但是如果果子不好吃，或者只是普通过得去，我相信买了几次人家就不买了。

——褚时健

褚时健的每一步布局都以市场为导向，虽然在过去由于计划体制的束缚，他错过了几次抢占市场的机会，但每一次的洞察和判断，褚时健几乎没有出现失误。这与他对市场法则和市场功能的透彻分析密切相关。

褚时健认为，市场和价格一样，本身就有一些功能，市场具有资源配置、刺激经济的自发功能，也可以为企业提供导向、约束企业、为企业和市民传递信息这样可以人为利用、调整的功能。

不难看出，褚时健对于市场的总结正是源于他多年叱咤商场的亲身实践。他不仅能够看到市场的作用，更能将市场的奥妙为己所用。

传记作家先燕云评价褚时健时，认为他是一个不折不扣的市场信徒。但凡市场稍有动静，他都能精准快速地捕捉到。

早在 20 世纪 70 年代末，市场上便出现了售价较高的滤嘴烟。当时，市场经济正处于萌芽阶段，国内消费者的生活水平也开始好转，对这类高档香烟有了一定需求。

褚时健敏锐地察觉到了消费者的需求变化，自然不会放过这个机会。他派出工作人员进行了全方位的市场调研，调研地区囊括全国各个省份、城市、农村，甚至国外市场。调研结束后，经过仔细分析，烟厂发现国内沿海地区的滤嘴烟市场比内陆城市更为广阔，销量也更大，高档名牌的滤嘴烟尤为供不应求。在国外市场，滤嘴烟的销量在发达国家高达90%以上，中等发达国家地区的消费比例超过50%。①

根据这份调研结果，烟厂进行多方权衡之后，决定大力发展滤嘴烟生产，投入配套设施和人才。

玉溪卷烟厂以每年翻番的速度不断增产。褚时健在这一过程中密切追踪市场动向，先后在各大城市建立起80多个信息点，聘请近百位信息员，及时向企业反馈最新的市场信息。如此一来，褚时健能够根据市场信息反馈，同步掌握市场动向，立刻改进产品快速占领市场。这为日后"红塔山"的品牌建立奠定了扎实的市场基础。

①《时代风采》杂志社.企业家纵横谈1[M].昆明：云南科技出版社，1988.

把握市场法则

滤嘴烟一战，是褚时健把握市场法则的一个典型案例。

20世纪80年代初期，由于褚时健对市场动向的敏锐洞察力，以及对企业内部的技术创新，产品质量大大提高。"红塔山"香烟凭借上乘的质量工艺，在烟草市场中迅速崛起。到了20世纪80年代中后期，随着"第一车间"的改革，烟厂培育出了世界一流的烟叶，"红塔山"成了玉溪卷烟厂的招牌。

产品迅速抢占市场，供不应求，本该欣喜万分，但褚时健依然有焦虑之处，这份焦虑源自当时计划经济体制对卷烟厂的限制。20世纪80年代末改革开放正在深入推进，但计划经济依然占主导地位，国内烟草产品绝大部分由烟草公司牢牢把持，企业没有销售权，原料辅料也仍然是统购统销，无法满足烟厂的采购需求。为此，褚时健积极争取企业自主权，终于获得了少量的产品自销权。

1988 年，国家最高领导层下定决心进行物价闯关，同年年底，国家指定 13 种香烟品牌放开价格，烟厂可自行对产品定价。这 13 种香烟品牌中，玉溪卷烟厂的"红塔山""玉溪""阿诗玛""红梅"都位列其中。

价格闯关是中国从计划经济向市场经济过渡的重大举措，牵动着万千百姓。名烟价格一放开，整个市场发生了巨大变动。物价失控，成本上升。在此情况下，褚时健深知质量为王的道理，他果断制定"以质取胜"的方针：不合格原料坚决降级使用，使当年 3000 多万元的降级损失由浮价来弥补。与此同时，褚时健在工厂内部建立健全的质量管理体系：进一步提高全体职工质量自控意识，深化 TQC 教育。他进一步完善工艺管理和质量监督检测工作，制定了《卷烟工艺规程》，严格各道工序、工艺标准，同时又修订了《卷烟生产质量检验及记分方法》，并且实行质量在经济分配中的否决权，加强配备了主要车间的专职人员和厂内三级站人员，使工艺管理进入标准化阶段。[①]褚时健觉察到，名烟市场看起来似乎是价格波动战，但其实是一个优胜劣汰的战役。虽然在价格闯关中，名烟市场的角色大体是从卖方变为买方，但他认为，"红塔山"只要严格把控好质量，就依然还是卖方市场。

---

① 程永照，李辉. 玉烟天下 [M]. 北京：人民文学出版社，1996.

经过一年的时间，价值规律显现了作用，再次印证了褚时健的预判：一些香烟品牌在市场竞争中逐渐暴露出质量短板，出现了大量滞销，这些品牌商不得不降价，导致全国名烟市场打起了价格战。而玉溪卷烟厂自始至终没有降价，其市场价格反而出现上升趋势。其凭借极佳的质量创下销量新高，在一众陷入混战的名烟品牌中强势胜出。以质取胜，不仅是褚时健的市场方针，更是他把握市场的一大法则。随着"红塔山"现象在名烟市场上的全面爆发，到了20世纪90年代初，在中国最高的甲级烟销售市场中，以"红塔山"为主打的玉溪卷烟厂以压倒性优势占领国产烟市场将近80%的份额。

褚时健清楚地记得，当时有几位外国专家造访烟厂，希望看看存放烟叶的仓库。当仓库门一打开，所有人都震惊了：烟叶的质量好到难以置信，光是堆放数量都十分考究。烟叶芳香油含量很高，一开门便能闻到烟叶散发出的香味。这些专家赞叹不已，对于玉溪卷烟厂的高市场份额心悦诚服。

随着市场需求不断扩大，褚时健决定启动"名烟翻番计划"：将"红塔山"的产量翻一番。该计划在两年时间内顺利完成，"红塔山"的年产量达到将近40万箱，并且超越了日本烟草公司，成为亚洲第一。褚时健声名鹊起，成为"亚洲烟王"。

就在此时，褚时健又在酝酿一个更加宏伟的计划，这就是大名鼎鼎的关索坝工程。

1994 年，进口香烟强势进军中国市场，中外烟厂短兵相接。一时间国内卷烟大量积压，能与进口名烟相抗衡的国产名烟只有"红塔山"。然而"红塔山"的产量无法满足市场需求，很不利于和进口烟竞争。

早在 1992 年，褚时健就预见了"红塔山"的未来产量将远远满足不了市场需求，而关索坝工程是改变这个局面的战略型举措。该工程预算投资高达 49 亿多元，占地 1000 亩左右，建成之后卷烟厂将进行整体搬迁。褚时健要通过这个工程打造世界一流的工厂。与此同时，褚时健也积极展开与工程配套的原料基地建设，并且进一步加强海外市场的拓展。当时，美国已有 10 个"红塔山"代销点，东南亚地区有 18 个"红塔山"免税商店。在新加坡，褚时健与英美烟草公司合作，每年生产 5 万箱"红塔山"，就地外销世界各地，仅此一项，一年就净赚外汇 3000 万美元。此外，以台湾地区为基地的卷烟加工厂项目也在紧锣密鼓筹办之中。与此同时，质量更好、安全性能更好、符合国际消费潮流的新型香烟的研制也已起步。①

而对于玉溪卷烟厂来说，历史性的时刻是集团的成

---

① 李政，于冰. 盈利的障碍 [M]. 哈尔滨：黑龙江科学技术出版社，2002.

立。面对不断扩大的国内外市场，褚时健看到，要想赢得更多的海外市场，企业就必须成为一流的跨国公司，集团化是必然趋势。1993 年 12 月，红塔山集团成立，集团总公司其财产关系隶属于玉溪卷烟厂，总公司以产权联结为纽带，跨地区、跨行业进行新产业开发，大步流星向规模化和国际化征程迈进。①

---

① 《红塔山传播集》编委会. 红塔山传播集（1986—1994）——通讯篇 [M]. 北京：经济日报出版社，1995.

让利不让市场

产品变成商品，是否畅销，产品品质是关键，而定价直接影响到市场。

20世纪90年代初期，全国第一个香烟拍卖交易市场在云南成立。1994年，在昆明的交易会上，"红塔山"报价65元，有400家买主举牌。由于供不应求，"红塔山"进行了第二次报价，但依然引起争抢。当报价持续到第八次76元的时候，玉溪卷烟厂宣布了一条惊人的消息："由于价格太高，玉溪卷烟厂不愿意成交，请大家原谅。"

对于在场的很多商家，甚至对于很多外行人来说，褚时健的决定出乎意料。放弃抬价赚钱的大好机会，只按低价出售，着实无法理解。然而，褚时健解释道："'红塔山'走俏是好现象，但要考虑巩固和扩大市场，卖价太高会导致'红塔山'流向零售价更高的地方，而零售价低的地方就见不到'红塔山'，这对'红塔山'扩大市场不利，对企业长远利益不利。"

褚时健：管理至上

　　这是一个典型的以价格换取市场的战略，褚时健一直把赢得长期市场作为自己的经营目标，所谓细水长流，短期获利的行为只会让企业走向死亡。这个道理和体育运动中的跑步是一样的，想要跑得更加持久，就需要放慢速度，调整呼吸，而一下子使出全力的人往往无法坚持长距离的奔跑。

　　除了换取市场，褚时健还考虑到了很多市场均衡的问题：如果出售价格过高，经营的利润相对就会降低，会影响经营者的积极性，一旦积极性失去了，企业的市场无疑就会缩水。此外，价格提高更会影响到消费者：经销商就不得不提高市场价格，而只有经济较为发达的城市才能消费高价名烟，偏远落后的地区就不会有"红塔山"的踪影。

　　烟厂制定了保证流通领域有30%以上利润的方针。虽然"红塔山"已经成为高档名烟，但褚时健依然力求产品在市场上做到均衡投放，不特别针对发达地区。因此，他认为必须要让经销商有足够的利润，以便让产品覆盖全国市场。褚时健深知目前全国经济发展非常不平衡，如果出厂价过高，贫困地区将无法看到"红塔山"。如果一个在大城市的人用惯了"红塔山"，一旦他去偏远地区出差工作，由于买不到这种烟，转而去买价格较低的烟，万一这个人发现两种烟看来差别不大，那么即使回到城市，他很可能就不会再购买"红塔山"。基于这样的考量，褚时健果断让利于经销商。牺牲短期利益换来更多更广的市场，这对于企业的长远发展是一笔划算的买卖。

让利给经销商，也极大地激发了全国经销商的积极性，经销商扩展经销范围的热情高涨。20 世纪 90 年代中期，全国"红塔山"经销点高达 4500 个，覆盖国内95% 以上的市场，保证了"红塔山"的市场均衡。

早在计划经济时期，褚时健就有了市场均衡的理念。曾经有人问过他，既然市场供不应求，烟厂为何不增加产量满足市场需求。褚时健表示："烟草属于专卖，国家还有宏观调控，只能在调控计划下组织生产。企业没有权力放开大干来满足市场需求，所以只能上扬市场价格，这样会导致企业无法占领更多的市场。当价格上扬到一定程度，消费者承受不住时，便会选择自己能够承受的产品。于是，企业实际上是把占有的顾客逐个淘汰，缩小了自己的市场。为了解决这一矛盾，企业要主动走向市场，直接调节市场，政府也要积极创造条件把企业推向市场。"为此，褚时健在那个时候一直奔走不停，要求上级把产品销售权、定价权交给烟厂。他认为，让企业自主决定产品销售方向、销售价格、直接签订销售合同，才能让企业真正走向市场，参与竞争，才有一个较为稳定的烟价，维持消费者和企业的利益。最终，"两权"试点工作获准执行。①

---

① 程永照，李辉. 玉烟天下 [M]. 北京：人民文学出版社，1996.

褚时健：管理至上

利益均沾和均衡投放，是褚时健总结出的另外两个市场法则（第一个是以质取胜）。"高价不卖低价卖"是玉溪卷烟厂非常独特的经营策略，这样不仅可以扩大营销市场，还能避免因市场价过高而导致市场份额减少的问题。虽然当时市面上的玉烟价格一直上涨，但烟厂的出厂价始终保持稳定，所以烟厂一直拥有源源不断的经销商。此外，褚时健设立 100 个信息点，通过信息点的及时调研反馈做到均衡投放，让玉烟市场处于稳定状态。

无论市场风云如何变幻，褚时健始终能够保持冷静的头脑进行分析，做出有利的决策。当"红塔山"供不应求，或是在价格闯关时，褚时健为了保证市场范围，坚持不涨价。虽然国内烟草市场如火如荼，但国际反烟运动却一直没有停下来过。早在 1924 年，美国《读者文摘》就首次指出吸烟对人体健康有害的文章。[①] 此后，西方各国反烟运动不断，最终传到中国，国内烟草市场遭遇较大冲击，此时如果减产或者停产似乎是比较明智的做法。但褚时健却坚持生产。他认为，西方推行的反烟运动没有足够令人信服的论据："中国这么大一个市场，自己不生产，人家的产品就正好打进来。"褚时健临危不乱，这种大格局的市场眼光，是许多企业家都无法企及的。

---

① 陶明. 专卖体制下的中国烟草业：理论、问题与制度变革 [M]. 上海：学林出版社，2005.

掌握供求与趋势

褚时健一生致力于企业经营，遇到的困难不计其数，在接手玉溪卷烟厂之后，他面临更大的挑战。

某一年春节，中国卷烟市场出现了新的变化，名牌烟价格的持续下滑带给企业极大的生存压力。

企业经营始终要遵循供需关系的结构性平衡。当供过于求时，产品的销售价格会逐渐降低，企业的利润会因此遭到侵蚀。从整个宏观经济的运行情况来看，企业长期处于供过于求的情况很少出现，但是短期出现供过于求的情况却会周期性出现，企业一旦面对周期性的价格下跌，一定要及时调整自己的经营战略，从而度过艰难期。

褚时健这一次碰到的事件的本质在于"供给"和"需求"开始出现结构性失衡。需求方面，因为宏观经济的调控，资本投入力度开始显著减少，随之带来的收入下降导致大众消费意愿普遍不强；企业方面则开始压缩支出，名牌香烟的采购量也因此大幅减少；个人方面，收入的增幅和物价的上涨在某种程度上相互抵消，名牌烟的消费也开始大幅缩减。总的来说，企业利润贡献的主打产品——名牌烟的消费需求在逐渐减弱。在供给方面，所有的烟厂都对名牌烟的生产趋之若鹜，这导致供给量大幅增长。名牌烟市场是整个行业的利润集聚地，谁能够在名牌烟市场占据一席之地，谁就能拥有整个市场的大部分利润。

如何在名牌烟市场占据一席之地？当然是品牌效应。品牌代表了产品的品质，更反映了消费者的社会地位，它不仅能够满足消费者的生理需求，还能满足其精神需求。

当时，云南名牌烟位居市场榜首，但同时也面临着市场窘境。市场上5元一包的名牌烟种类高达50种，竞争激烈程度可想而知。同时，外国香烟对中国市场的冲击也导致一部分市场份额的流失。市场供给的大幅增加，导致名牌烟价格的大幅下滑。在这种内忧外患的大背景下，褚时健应该如何破局？

首先，抓本质。任何事件的发生都有缘由，事件背后的逻辑才是本质所在。当时，名牌烟要想存活于市场，必须依赖两点：品牌和优质烟叶。褚时健认为，工艺配方差异性很小，包装漂亮只是表象，大肆宣传只会引起大众反感。在市场多个品牌林立的情况下，还在品牌上博大众眼球是一条死胡同。应该抓住产品的质量狠做文章。因此，褚时健认为要在优质烟叶上下功夫，正是因为这样的考虑，褚时健将工作重心转移到了狠抓优质香烟这一环节上。

狠抓优质香烟不仅体现出褚时健对市场竞争的准确分析，还体现了公司对趋势的准确把握。自古以来，得势而盛，逆势而衰。每一个企业决策者都应该具备对宏观趋势的把握能力。

当时，第三次戒烟运动已经在世界范围内涌起，消费市场面临巨大转变。全民戒烟运动的开始，会对整个烟草行业造成重大打击。巨大的阴霾笼罩在烟草从业者的头上。不过，危机中常常酝酿着转机。当时的褚时健判断："香烟作为某种程度上的依赖品，只可能减少而不会消失。"这个时候是抢占市场份额的好机会，但是这一切赖以实施的基础条件在于香烟的产品质量必须属于行业一流。"低焦油含量和高安全性"将会是以后的行业趋势。正是基于这样的判断，褚时健认为要狠抓产品质量，做好面对一切的准备。

这次事件还能够体现出褚时健面对危机时的另一面，面对群体舆论，所有人都觉得毫无生机时，褚时健却能冷静客观地分析，不被羊群效应影响，坚持自己的判断，做出符合当时最适宜的决策。

做一流的品牌

褚时健74岁决定上山种橙，取的品牌名称是"云冠"，这个名字不言而喻，是希望做成云南之冠。"要做就要做第一。"褚时健尽管很低调，但他也说："人必须要有野心，没有野心不行，这个野心是有基础的，不能脱离实际，也要有基本的道德。"

褚时健做烟的时候是"亚洲烟王"，做橙的时候是"中国橙王"。但是我们也必须看到，企业日常经营过程中并不是一帆风顺的，在"玉溪"牌香烟准备冲击中国第一品牌时，也走过弯路。时至今日，我们回过头来反思一下当时的错误，可以为企业的发展提供参照。

褚时健在后来的访谈中提到了这次失误。他说："在提高企业知名度的问题上，一定要把握住核心的关键点。不然在施行过程中就很容易跑偏，使企业陷入危难境地。"

首先，品牌建立实施战略在宏观上并没有错，但因为细节的一些设计失败，导致了整个布局的失败。这值得我们反思。

第一个失误：商标确定未经过详细的市场调查。在采用"玉溪"作为商标名字时，褚时健没有考虑到玉溪只是云南一个区域性城市。一旦企业开始进行全国性布局时，区域性品牌的名称可能会变成一种限制。试问，外省人有谁能知道云南省的某个城市？

第二个失误：包装设计不足以引起客户的兴趣。当时，封面设计应该具有典雅、个性鲜明的特点，但是"玉溪"牌香烟的封面设计过于呆板，相比于当时知名品牌"万宝路""中华"的封面设计，"玉溪"与他们有着云泥之别，销量因此难以打开。

第三个失误：认知错误。优质、低产是高价的重要组成要素，相比市场上同类型的产品——"红塔山"卖5元时，"玉溪"卖4元；"红塔山"卖8元时，"玉溪"卖6元左右，企业管理者可以细细思考一下，采取这样的价格组合策略，是否真的能够博得消费者的芳心？首先，"玉溪"向外扩张的核心思路是走高端战略。这意味着产品价格高，能体现消费者的生活水平和地位，同时满足消费者的心理需求。这样的产品定位不允许企业走低价扩张模式。

第四个失误：资源投入不够。企业为了拿下消费者需要增加巨额的投入，这包括品牌推广、营销渠道下沉、销售人员调度等多个方面。一旦企业的资源调度没有跟上，战略实施很快便会出现问题。

后来褚时健做褚橙，取名"云冠"，字面意思非常清晰，而后面更多人愿意称他的橙子为褚橙，其实褚橙是商标，不是一个橙子的类别。今天说到褚橙，它已经成为中国最励志的橙子。

从管理到产品品质，褚时健其实都在力争做成第一，他所有的努力都是为了做成一流的品牌，管理烟厂的诸多经验为褚橙的成功提供了很多保障。

杜绝假货

"红塔山"在市场上处于绝对优势，不论是市场占有率还是产品价格都全面压倒了同类型的其他竞争对手。褚时健知道，一旦自己企业的产品持续紧俏，那么市场上的"假货"将会开始横行，从而导致自身产品受到消费者怀疑，"红塔山"的声誉将会受到严重影响，久而久之，就会增加消费者的恐惧心理，造成"想买不敢买"的局面。

为此，褚时健开始花重金打假，他制定了两个措施：

第一，重金奖励举报、查处、揭发、打假之人。从1992年开始，玉溪卷烟厂通过公司内部文件传达董事会意见，只要全国任何市场查出假"红塔山"，不论报案、查案还是提供线索的人都予以奖励。1992年，烟厂仅在"打假"这项支出上就花费了将近600万元，奖品也用掉了5000多箱香烟；1993年，该项花费更是高达千万元，奖品达2万箱香烟。

第二，全面推进玉烟经销店的建设，这一举措可以保障消费者的合法权益，挽回消费者信心，同时也能够增加销售渠道的流通效率，建立起顾客与公司直接对话的渠道，将市场消息直接反馈给企业，促进企业经营效率的提升。1992年，经销商店铺首先在江苏进行试点运行，与烟草公司合作建立120家"玉烟特约店"。经销店以略低于当地市场的零售价进行出售，实行专柜专销、挂牌、明码实价、真货制度。这样的举措极大地消除了消费者的防备心理，打消了消费者可能买到假货的后顾之忧。截至1993年，玉溪卷烟厂已经在全国县、地级市设4500个专点，渠道遍布全国。

假烟泛滥，根本原因是公司产能不足，供需矛盾加大，给不法商家留下了制假贩假的空间，因此产能扩张将是企业下一步必须进行的战略布局。由于烟草行业的特殊性，许多规章制度都会限制企业发展。在名烟价格普遍上涨的背景下，国家烟草专卖局、云南省委、省政府大力支持玉溪卷烟厂发展，烟厂投资20亿元扩建生产线，大幅提高产量，抑制其价格的大幅上涨。

除了假冒伪劣产品泛滥之外，恶性竞争也频频发生。有的企业在烟标上做文章，各种以"塔"为主题的香烟包装充斥着市场，消费者一不小心，很可能就会出现"错买"情况。更有甚者，看到"红梅"产品卖得极为火爆，便将所有产品图案、样式全部照搬过来，仅在文案表达上多加或少加一个字，以此来达到以假乱真的目的。这其中最突出的当属"黄山事件"。

1993 年香港《大公报》刊登了一则巨幅广告，公告的主要内容将市场的香烟进行了一个排名，"黄山"第一，"中华"第二，"红塔山"第三。同时还将此次评选的主要过程公示了出来：安徽省蚌埠卷烟厂在 1993 年 6 月 8 日举行香烟发布会，安徽省各界人士参与试吸，并且在评吸会结束后宣布比赛结果，同时附上公证书。这一消息，直接带动了"黄山"烟的走俏，其价格在市场上猛涨，最高峰时达到 200 元一条。但是蚌埠卷烟厂的广告很快引发了社会舆论的质疑，其广告词涉嫌违规，因为其广告宣传中带有抬高自己贬低别人的言论，后来，蚌埠卷烟厂厂长为此写了公开道歉信。

"黄山事件"爆发时，褚时健正在出差归来的途中。他一下飞机，助手就将新闻报道放在他面前。褚时健瞟了一眼后，就把报纸扔在一边，并对下属说："这些小伎俩对咱们根本没用，不用理他们，如果我们跟他打官司，那才是平白无故增加了别人公司的知名度，对我们来说并没有什么好处。"褚时健目光如炬洞察了事件的本质。产品孰优孰劣与其交给口水仗评判，不如让消费者来仲裁。玉烟的质量让褚时健底气十足。

后来褚橙也有很多假冒者，个别市场甚至假货比真货还多，这让褚时健感到很头痛，褚橙团队不断推出各种打假的方式，比如更换印刷工艺、增加更加复杂的包装、通过发布官方渠道引导用户到正规渠道购买等。

第三部分

管好执行和利益

"有人说，我最大的特点就是认真。比如，到果园，我一般不直接找作业长，而是去问农户现在有什么问题，聊完再去果园里面看，基本把情况摸清楚了再去问作业长。"褚时健说。褚时健总是在解决问题，总是很认真。

　　褚时健不断致力于打造优质的产品，团队具有高效的执行力，在机制设计上，他的管理模式深度捆绑参与者的利益，能够调动参与者的积极性。

"有人说，我最大的特点就是认真。比如，到果园，我一般不直接找作业长，而是去问农户现在有什么问题，聊完再去果园里面看，基本把情况摸清楚了再去问作业长。"褚时健说。褚时健总是在解决问题，总是很认真。

直到90岁时，褚时健对基地果子的生长状况还非常关切，他大约每个月去基地两次，每天都要给基地的人打电话，问天气怎么样，果子怎么样。他对数字非常敏感，记性好得不得了。

他不断致力于打造优质的产品和具有高效执行力的团队。他将认真、肯干的文化灌输到整个团队中，就连种植户也深受他的影响，在规定时间内完成规定动作。这种集中高效的管理，保证了褚橙的标准化。

褚时健是一个利益平衡大师，在机制设计上，他的管理模式深度捆绑参与者的利益，能够调动参与者的积极性。对于种植户来说，他们跟公司的关系可称为"半合伙人"，也有人称之为承包经营者。农民从公司承包果树种植，由公司发放工资；果实成熟后，按照果实质量标准由公司来收购。这既保障了农民平时的收入，也让农民在果实收获后还有一部分收入。收益看得见，大家的积极性也就提高了。

第九章

高效执行

也许别人做完一件事情差不多就行了，我却说不行。我要采集一个数据，这次不满意，要重新再来一次，要是又不满意，还要再来一次。"差不多"在我这里是不行的，一定要比别人更有耐心，不厌其烦。

——褚时健

褚时健说："一旦发现了病虫害，我就会立刻给化验师李万红打电话，让化验师给作业长打电话。过一段时间，我还会给作业长打电话，问化验师有没有通知他。农民是帮我们种果树的，果树的这些事农民都知道，而只有他们知道了我才知道。但我要督促他们，让他们不要马虎。"

褚时健团队执行力的高效是出了名的。褚橙基地行政负责人林安回忆，一次，褚时健让林安在3天内铺好全基地的水管。林安犯了难，但是褚时健给他定下了这个目标，他不能说"不"字，褚老有一种无形的威慑力，让团队的人跟他一样，做事就必须干成。于是，林安为了完成任务，每天凌晨3点钟睡觉，早上7点钟起床，最终竟然干成了。

褚橙种植最难、最麻烦的两个环节是抹芽和控稍，每次到果树的稍疯长的时候，如果去稍不及时，就会严

重影响果实的成长。这也是最考验执行力的时候。基地
会在一段时间内集中去稍，由作业长带领种植户一起干，
必须在规定时间内完成。

执行第一要务是"快"

褚时健有一句话是，错误永远比犹豫强。这是企业家该有的决断力。褚时健的决断力到底有多强？

有这样一个故事：褚时健在玉溪烟厂鼎盛时期，进行多元化战略，在入股大朝山水电站时，对方答应褚时健提出的三个条件后，褚时健当即拍板。几十亿元的投资，几分钟就决定了。①

"时间就是生命。"这是改革开放初期最著名的一个标语。它不仅反映出日新月异的经济发展，也体现了改革开放后中国企业家的精神面貌。偏居西南的玉溪卷烟厂在十余年的时间内发展成为亚洲最大烟厂，褚时健"快"字当先的管理理念功不可没。

褚时健曾提出给职工修建宿舍，但当时基建科居然花费了三年时间才修建好一栋宿舍。这让褚时健失去了

---

① 张小军，马玥. 褚时健管理法 [M]. 北京：中国友谊出版公司，2016.

耐心，直接要求改建基建科。重组之后，玉溪厂只用了
4 个月时间便完成 3 栋宿舍楼的建造，随后又相继建成
60 多栋职工宿舍。同年，员工的生产效率和工资收入都
有了大幅度的提升。

褚时健"快"字诀不止体现在这一处。1989 年"工
资总额与实现税利挂钩"的实行，是褚时健对于国家"工
资挂钩"政策的调整，根据玉溪卷烟厂的实况优化职工
工资。①

这一措施的实施把褚时健高效执行的理念发挥得
淋漓尽致，这当中不得不提到褚时健对于供货、投产的
管理。

当时玉溪卷烟厂的生产设备年久失修，严重影响了
生产效率。褚时健引进了英国制造的先进设备 MK-95
卷烟机，每分钟可生产 5000 支香烟，一天产值约 8 万
元。这样的设备早一天投入使用，就会早一天为企业带
来巨大的经济效益。

1986 年，褚时健果断购买了 7 台意大利 GD 公司的
X1 型机组。但因当时合作的外国厂商违约没有按时从海
港发货，眼看工期就要延误了，褚时健得知后坚决要求
空运，最终这批设备提前两个月到达玉溪厂。

其间褚时健要求提前联系海关、商检及火车站货场

---

① 程永照，李辉. 玉烟天下 [M]. 北京：人民文学出版社，1996.

验关等环节，减少途中滞留时间；提前做好技术资料翻译、组建试调队伍，加快"四通"（通电、通水、通气、通压缩空气）工作的准备，让设备到厂能尽快安装到位。

通过这样的方式，每批设备都能提前半个月投入生产，其间节约的成本与产生的效益，是"快"的最好佐证。

据一位德国专家回忆："我到昆明机场就在想，那些机器可能还在玉溪卷烟厂空地上散乱放着，恐怕还要等着我来安装，但到了玉溪卷烟厂一看，一切都搞好了，就等着调试后投产，真不简单。"

1992年，玉溪卷烟厂淘汰了所有老旧的卷烟机，并于年底完成了历经三年的名烟翻新工程。引进的国外设备陆续投产，降低了烟丝的消耗。到1995年，玉溪卷烟厂的技术和设备已经能和世界其他烟厂媲美，玉溪卷烟厂的工作效率也得到质的飞跃。

执行的第一要务是"快"，这是褚时健管理理念中对于执行力的第一要求。这种理念让玉溪卷烟厂在发展中不断壮大。同时，在很多年之后，这一要诀在褚橙的管理中也被广泛应用。

高效既是要求也是结果，如何让企业高效运转，需要企业家在企业管理过程中不断摸索。

褚时健不仅自己果断，而且带动团队提高了执行力，当然这种执行力背后有他对行业的熟悉和对事业的信心。

目标管理

褚时健给我极大的震撼是他解决问题的能力，他似乎天生就是为解决问题而生的。玉溪因为他而走出来两家顶级企业。

褚时健的管理方式就像打仗那样，他带领团队一个一个攻山头，一个一个解决问题，目标管理非常清晰。

他管理烟厂的经历十分有代表性。褚时健在引进现代化设备之后，在公司开始推行 TQC 管理，到了 1987 年，玉溪卷烟厂又开始推行企业方针目标管理。方针目标管理的核心是以目标为导向，以人为中心，以成果为标准，使组织和个人取得最佳业绩，这在当时也被俗称为责任制。

褚时健将方针目标管理引进公司，对玉溪卷烟厂的发展起到了很大的促进作用。首先方针目标管理从"以物为中心"转变为"以人为中心"，从"监督管理"转变为"自主管理"。目标管理的基本原理，就是运用行为科学的激励理论来激发、调动人的积极性，让个人目标与企业目标相匹配，促进企业高效运转，职工高效执行。

褚时健在引进这一套管理方法时，还对它做了部分改进。他将 TQC 中 PDCA 循环原理和方针目标系统管理的原理结合起来，实行动态管理，这种复合模式将企业领导、科室、车间、班组、机台工人，各个环节都纳入了考核范围，让人人肩上有指标，完成任务有考核，工作好坏有奖惩，确保各阶段和年度目标的实现。

褚时健对管理模式的改进，首先是基于中国宏观经济的变化。1987 年，中国的改革开放已经进入新的阶段，市场经济的不断发展已经大大挑战了计划经济的权威。在沿海发达地区，自由市场带来的财富诱惑让深居内陆的国有企业开始寻求转型。玉溪卷烟厂当时也在寻求深化改革的方案，力争完成 1987 年达到国家二级企业、1990 年达到国家一级企业的目标。

当时，从国内香烟市场来看，卷烟市场处于供大于求的阶段，尤其是在 13 种名烟调放价格后，在市场激烈竞争的严峻挑战前，企业必须提高经济效益，经济效益来自企业管理。褚时健企业改革的方针直指基础管理，当时他提出"抓管理、上等级、全面提高企业素质"的口号。

外部环境的激烈动荡，让玉溪卷烟厂在追求高效的管理模式上，不断探索。

玉溪卷烟厂的具体实施方式是，先培养中层干部，然后在职工中逐步普及方针目标管理知识，在做好准备工作的前提条件下，由厂绘制统一的空白图表，下发各科室部门、车间、班组、机台和个人，让其自选目标，自订计划，自己落实，从而使企业方针管理标准化、规范化。

在目标的制订上，玉溪卷烟厂根据国家政策、法令，国内外市场情况，上级主管部门下达的指令性计划，企业中长期和近期技术发展规划、新产品规划、创优升级规划，结合本企业上半年未解决的问题等五大相关维度，进行目标制订。通过自上而下 10 余个流程进行制订，再自下而上订下目标责任。[①]

在计划目标的展开环节，围绕当年企业升级的方针目标，同厂绘制一级方针目标展开图，作为企业方针目标管理从高层次上进行总体展开，其内容包括产品质量、主要物质消耗、经济效益、基础工作和精神文明建设五大类共 38 个项目标值，19 条主要措施，分解到 55 个科室、车间。这样从上到下层层展开，自下而上层层保证，做到横向到边，纵向到底，分厂、科室车间、班、组、机台个人五级展开，在每一级目标的展开中，把目标项目、现状和目标（计划、奋斗）值归为 P 阶段，主要措施、项目执行与配合协作部门划归为 D 阶段，检查结果

---

① 景克明. 烟草工业现代化探索：玉溪卷烟厂优秀管理、技术论文选 [M]. 昆明：云南科技出版社，1990.

划归为 C 阶段，总结划归为 A 阶段，在 PDCA 四个阶段循环中，实行自我控制原则，提高动态管理的效率，目的在于保证方针目标的实现。[1]

在方针目标的实施及计划环节，玉溪厂主要对尚未达标的指标和基础工作中的薄弱环节采取措施。首先，慎重确定目标值，具体而言包括分析卷烟生产形势，落实指令性计划；掌握市场动态，按需求确定目标值；参照上年指标完成情况及同行业先进水平找差距定措施。其次，把产品质量放在目标值的第一位，注重降低成本和提高经济效益，同时强调基础工作和精神文明建设。再次，把方针目标定量化，目标的展开要把管理的定性问题变为定量的数值，以明确目标便于考核。对目标展开做好记录，特别是完善和充实各种统计报表和台账。另外，厂里每月按期填报企业升级达标对照表，把企业方针目标管理现状信息综合起来，再反馈到厂里各级部门，形成人人心中有目标。

我们以物资管理为例。与生产部门相比，物资管理的工作量不容易完全量化。这就导致工作中难有一个明确的目标，而目标的缺失导致员工工作积极性不高，效益较低。

---

[1] 褚时健，魏杰. 国有制企业模式探索：玉溪卷烟厂企业体制的深层次思考 [M]. 北京：中国金融出版社，1991.

根据物资管理工作的现状，玉溪卷烟厂进行了方针目标管理改革。例如，对计划人员规定其所管物资占用资金的最高额度，促使其精打细算，合理使用资金；对采购人员规定其采购任务完成率及采购费用指标，促使其在完成任务的同时，降低采购费用等。在物资管理上，方针目标管理模式将让之前工作中的痼疾得以解决，取得事半功倍的效果。

从公司全局来看，全面推行方针目标管理，如同为玉溪卷烟厂装上了高速马达，公司的发展也步入了快车道。在1988年，玉溪卷烟厂被上级部门评定为国家二级企业，荣获云南省首届企业管理优秀奖，经济技术指标创历史最佳水平。其中10项指标达到总公司规定的国家二级企业标准，8项指标达到国家一级企业标准，一级达标率为80%。这为1990年玉溪卷烟厂达到国家一级企业的目标奠定了坚实基础。

75岁高龄创业种植冰糖橙，褚时健的目标很清晰，尽管一开始面临各种问题，比如水源问题，掉果问题，糖酸比问题等，但褚时健说："用户痛点在哪里，你的专注点就在哪里。痛点，就是大家反复表述的一个有待解决的产品问题，或者大家很想实现的一个愿望。"

尽力做标准

褚时健的管理是循着解决问题出发的，如果说解决问题是方向，那么解决问题的方法同样也有方向，方向之一就是标准化。褚时健一直坚持，经营企业必须要有效益，而且要标准化。

19 世纪初，"科学管理之父"泰勒最先提出标准化的管理理念，而后一条标准化生产的流水线将福特工厂送上世界第一汽车工厂的宝座。流水线作业不仅大大提高了产品质量，更让企业的生产效率上了一个台阶。越来越多管理学家都开始强调标准和科学的技术规定是所有制造业的生产保证，标准化的精益生产将解决企业的难题。

1982 年，褚时健还未接受过系统的商业管理学习，却在实践中率先开始标准化生产。彼时，国家还未颁布卷烟工艺技术的规范，当全国各地的卷烟厂都按照老办法、老传统进行加工时，褚时健却已根据多年在商海摸爬滚打的经验，在长期学习烟叶生产的积淀下，第一个制定出企业级卷烟工艺标准。虽然这个标准只限于玉溪卷烟厂，但在实行工艺技术标准后，玉溪卷烟厂的卷烟质量连续数年保持 100% 合格率，生产效率也大大提高。褚时健以其敏锐的眼光，过人的魄力，勇于打破传统，抓住了标准化这一企业生产的重中之重。这和泰勒的做法具有异曲同工之妙。

褚时健认为，产品的质量和生产效率不仅需要技术设备的支撑，还要建立相关标准衡量生产，生产标准更好、更高才是企业发展的长远之道。1985 年 9 月，中国烟草总公司正式颁布《卷烟工艺规范》，这是一个权威性的标准体系，众多卷烟厂以此为指导。而褚时健在这个规范的基础上，有针对性地提出《卷烟工艺质量标准》《卷烟工艺规程》和《卷烟生产工艺纪律》三大技术性法规。[1] 这三大法规的技术标准甚至比上级要求的还高，比如在烟支爆口的工艺标准中特别增加了小包透明纸内不得有烟末的要求。而在执行三大技术法规时，褚时健强调员工需严格执行，又不局限于规则，可结合实际进行有效的变通管理，使之成为循序渐进、愈加科学的技术法规。

1988 年，褚时健又修订了《卷烟生产质量检验及记分方法》，并且着重强调了质量在生产标准中的重要

---

① 程永照、李辉. 玉烟天下 [M]. 北京：人民文学出版社，1996.

性，加强配备了车间的技术人员，技术人员指导生产员工，使工艺管理进入更为科学化、标准化阶段。在公司的严把质量关理念的带领下，员工基本养成了"三不准"的自觉意识：不合格的原料不准投入生产；不合格的再制品不准流入下一道工序；不合格的产品禁止出厂门流向市场。我们还加强做好售后服务工作，切实为消费者着想。①

相比较工业生产制造，农业标准化似乎更难，但褚时健依旧做到了。

1985 年，褚时健率领技术人员前往美国菲利普·莫里斯烟草公司考察之后，他对美国的烟草种植及高产高质印象深刻，回国之后，褚时健以先进的美国烟叶标准为借鉴，在玉溪卷烟厂形成了一套新的标准体系，请专家、技术人员在云南通海县建立了玉溪卷烟厂第一个"优质烟叶科学实验基地"，用优质烟草种植标准来进行试验。这一年秋季，实验基地迎来喜人的收获，中等烟叶比例达到 49.25%，上等烟叶达到 42.12%。这个从未在玉溪地区出现的优质烟草比例，震惊了所有人。严苛的"褚标准"使卷烟厂的产品质量一致获得了社会的高度认可。

---

① 《红塔山传播集》编委会. 红塔传播集（1986—1994）——通讯篇 [M]. 北京：经济日报出版社，1995.

"褚标准"在褚橙中体现得更为明显："每棵树只留240朵花，每亩地只种80棵果树""株距2米，行距3米""施肥沟深30厘米、宽20厘米、长80—100厘米""每株施有机肥7.5千克、复合肥0.3千克"等等，褚橙的种植严格按照"褚标准"来。这套标准不是书本上的理论指导，也不是专家的经验之谈，而是褚时健在规律基础上，不断通过实践试验总结得出的。此时的褚橙种植标准就是一种科学指导和精细化的管理，一切种植用尺子丈量，用数字说话。橙园的农户统一受作业长管理，作业长每月制订出当月相关的工作计划及标准，并挨家挨户地和所管辖片区农户及时沟通、协调，进行监督、检查，保证农产品从种植、采摘严格按照系统的规范方法和标准进行，使用统一的技术措施，一起致力于褚橙的质量打造。

从某种程度上说，褚时健是一个偏执者，尤其是对产品品质的追求。相比较工艺品，农产品的生产受太多不确定因素影响，风霜雨雪、病虫灾害，甚至是接受日照的时长、面积不同，果子都会呈现不同的口感，而褚时健却摸索出一套"褚标准"，打造出大小一致、甜度适中的褚橙，一举解决了冰糖脐橙种植过程中的一致性问题。"农产品也要有辨识度，这不是单指产品包装，而是要让消费者一吃就能辨认出来。"

为了达到整体的标准化，褚时健对于褚橙种植中的水、肥料等进行了很大程度地改进。

第一，水源标准化。自古以来，水是农业种植中首要解决的问题。要实现果实口味相同，就必须解决用水一致的问题。经过褚橙基地长时间的尝试，最终引进了滴灌技术。这项来自以色列的技术，采用半自动化的机械灌溉方式，保证了对植物根部进行充分灌溉。在自动化系统的控制下，每棵果树的浇灌量相同。同时，这项技术有效减少了水分的蒸发，在保证果树吸收率的前提下，最大限度地节约了水资源。

令褚时健采用滴灌技术还有一个最重要的原因：解决橙子大小酸甜的差异问题。褚橙工作人员发现，近水地方的橙树长得很壮，离水越远橙树越小，这在很大程度上影响了橙子的大小和甘甜度。通过对滴灌水量的控制，果农能有效调节"褚橙"的果子糖酸代谢，使之达到适宜的酸甜度。褚橙的甜酸度为 24：1 的黄金比例，消费者一口就能辨别出来。

第二，肥料标准化。农作物的生长始终离不开肥料，只有在营养均衡的情况下，才能很好地成长，才有可能生长出相同质量的产品。褚橙的种植也同样面临着肥料的问题。之前褚时健主政玉溪卷烟厂时，烟草的肥料是通过进口加工解决的。这一次他决定自建肥料厂，把肥料标准牢牢捏在自己手中。

肥料厂的有机肥是由农家肥、含钠高的烟梗制造而成的，其中还包括了鸡粪、烟末、甘蔗糖泥。据统计，肥料厂一年产有机肥六七千吨，能保证每棵橙树每年施肥 15 千克，很大程度上改善了基地土壤贫瘠的状况。根据肥料厂工作人员透露，基地每年都会监控土壤变化，根据具体情况生产有机肥料，以此达到对土壤环节的调节。

肥料配比的标准化建立也并非一蹴而就，褚时健在探索过程中走了不少弯路。2005 年，褚橙基地的 3000 棵老树都面临着果实口感欠佳的难题。当时果园的多数人都认为，这些 20 年树龄的果树结出的果实就只能到这样的程度了。

但褚时健不信，他根据自己对烟草种植的了解，觉得农作物种植的通常问题都是光照、肥料、水的不均衡。经过和技术人员的研究，他发现这是因为氮肥过量所致。经过不断调整，这些老树在第二年结出的果实竟达到了冰糖橙质量的最高标准。

第三，充分的光照。褚橙的味道在最初是各不相同的，橙子味道酸淡不一。当时褚时健一直在思考，为什么相同肥料下，味道却是不同的？最终得出的结论是因为果树的枝丫结构出现了问题。由于果树的枝丫太密，阳光就无法照射均匀。在光照充足的地方，果子的口感好，光照不足的地方，果子的口感欠佳。

于是，褚橙基地掀起了"剪枝运动"。

经过对各地果树剪枝方法的研究，褚时健找到了属于哀牢山的剪枝标准：剪枝后必须保证果树从各个角度都能被阳光照到。而且，剪枝方式不断改进，褚橙每年剪枝时会定期观察果树开花、挂果的情况，年底把评估后的最佳剪枝方式传授给果农。据统计，当时褚橙公司负责剪枝的人员就有 200 人。

在采摘环节，褚时健也进行了标准化。褚橙公司利用电脑标准程序化选果，保证每个甚至每箱橙子大小一致。再经过机器进一步挑选出更优质的橙子，图像处理后，不合格的橙子就会落到指定位置。

通过生产标准化，褚时健加强了褚橙管理的统一化，同时增加了褚橙产量，帮助褚橙树立了品牌形象。在褚橙果园中，每一个果农都能脱口而出：每棵树 240 朵花、施肥沟宽 80 厘米、盛花期要加施 70—100 克氮肥……

标准化是对农业产业化的极大促进，也是决定企业是否具备规模化扩张的一大门槛。在褚时健精益管理的理念下，褚橙的标准化生产带领褚橙走上一条规模化的轻型工业化道路。

信息化管理

褚时健十分重视信息化的管理，今天谈论大数据好像已经是家常便饭了，可是在 20 世纪 80 年代，甚至更早的时候，这些今天作为新经济的方式已经被褚时健熟练地运用到管理工作中。

褚时健说："产品销到哪里，信息跟踪到哪里，信息网络覆盖与市场占有率同步进行。"

在他看来，"把握市场导向，才能满足消费者需求，改善产品品质"。

如果说标准化为企业的发展装上了轮子，那么信息化则为企业插上了一对羽翼。

20 世纪 80 年代末，计算机已经为不少中国企业所用，它不仅能够帮助企业提高生产和管理效率，还能打通企业各部门间长期存在的壁垒。玉溪卷烟厂也在第一时间就注意到计算机对于提高企业现代化管理水平的重要作用。于是，褚时健组织技术人员探索，如何在烟草的生产过程中的数据处理、各部门联动等方面使用计算机来提高经济效益。

经过探索，玉溪卷烟厂在 1984 年左右将计算机主要用于生产过程中的自动化控制监管、经营管理数据处理和部门联动协调等方面。

在生产过程中，计算机的使用可以实现对生产过程的自动控制。特别是在提高产品质量、改善工人劳动条件等方面，计算机可以发挥重要作用。以烟叶发酵为例，烟叶的发酵工艺直接影响卷烟色、香、味的好坏。在采用计算机管理之前，玉溪卷烟厂的烟叶通过人工发酵完成，一般要经过升温、保温和降温等过程，周期长约 15 天。在发酵周期内，为了保证烟叶发酵环境稳定，工人不得不每隔一段时间，便进入高温高湿的发酵室内观察和测量温湿度。

烟叶发酵室温度通常为 50℃—55℃，相对湿度 60% 左右。工人每天需要进出六七次。每次进去工作几分钟，便汗流浃背浑身湿透。长此以往，会对职工的身体造成巨大的伤害。而且人工观察记录，很容易出现数据失误，烟叶发酵工艺的稳定性很难保证。

玉溪卷烟厂应用 TMC-80 型计算机管理烟叶发酵，从 1984 年开始，已经实现烟叶发酵流程控制和检测的信息化和自动化。工人只需要坐在办公室中，远程输入工艺参数要求，便可自动实现温度、湿度的可靠控制。温度控制偏差从 ±2℃ 提高到 ±1℃，湿度控制偏差也达到

±3%。计算机的使用不仅改善了工人的工作条件，减轻了劳动负荷，还提高了生产工艺的可靠性。

信息化管理还体现在经营数据的处理上。20 世纪 80 年代，玉溪卷烟厂正处于从手工化数据统计向信息化数据分析过渡的阶段。从 1982 年开始，褚时健开始大规模引进生产设备，这些从英国、德国、日本、美国等国家采购的设备为玉溪卷烟厂的腾飞立下了汗马功劳。随着众多设备的到来，零配件管理工作就变得异常繁重。零配件的数量从几年前的 2400 多个品种一下跃升破万。工人采用账本的形式记录，效率十分低下。后来褚时健开始引进信息化的管理模式，通过计算机实现了备件出入库记账、领料单打印、备件有关数据查询等自动化记录和查询。在统计准确率上，计算机将其提升到了 99.99%。

玉溪厂机电配件科在实施部分业务计算机辅助管理后，取得了不俗的效果。当时在物资管理过程中出现的几个关键问题——计划管理、应用数学模型、库存控制等，在计算机运用后，都得到了逐步解决。

物资管理的信息化，将物资管理部门和生产部门牢牢地捆绑在一起。原来由于数据处理的滞后，这两个部门的配合往往出现脱节的现象，物资浪费或物资短缺的情况时有发生。信息化系统搭建之后，前端的生产情况能够及时反馈给后端物资系统，物资部门可以及时采购原辅料，以免延误生产部门的生产需要。

21 世纪，互联网已经深入人们的生产和生活之中，人工智能、物联网也已经开始走入工厂。计算机的使用在现在看来不足为奇，但是当时褚时健作为第一个吃螃蟹的人，让玉溪卷烟厂成为最早一批引入信息化管理的烟草公司。

计算机的使用不过是一个开端，褚时健对信息化其实十分敏锐，信息化是他提高管理效益的一个方式。

第十章

组织关系：建立利益共同体

　　无论我干什么，都有很多人铁着心要跟着我，这里面的秘诀就是：我关心他们，他们也关心我。我可以帮他们尽快改善现状，尽快达到他们的目标。所以，一个老板要想员工努力，老板要先对员工好。

——褚时健

2018 年，我和考拉看看企业案例研究中心的几位研究员花了比较长的时间研究褚橙基地的利益连接机制，后来写了一篇论文，从各个方面来探讨褚橙管理中的这种机制的设计。我们的研究表明，褚时健管理上有一个非常明显的特点，就是利益连接机制。

在中国的水果领域，产业化运作的褚橙一枝独秀，分析它的产业化运作，是典型的"公司＋农户"模式。褚橙的创新体现在多个方面，其中，基于"公司＋农户"的利益连接机制创新是整个体系的核心，褚橙将土地流转户、种植户的利益进行深度捆绑，连接在一起，这是农业领域内生产关系与利益关系的重大创新。

如何让员工与企业目标保持一致，与企业形成休戚相关的利益共同体是企业管理的核心要义。

不过，如果一个"利益共同体"组织中只有"利益"，没有"信任"，那么这样的组织其实并不能称作

"共同体"。

真正将一家成功企业和它的员工连接在一起的是一种互信机制，它包含利益关系却又超越了利益关系。

组织体制变革

1986 年，为打破烟草行业原有的体制桎梏，玉溪卷烟厂实行"三合一"体制，玉溪地区烟草专卖局、玉溪烟草分公司、玉溪卷烟厂实行农、工、商、科技联合的产、供、销，内、外贸，人、财、物一条龙的两烟管理体制。经理、厂长由一人承担，三块牌子，一套班子，当时调整后的组织结构图如图 1 所示。

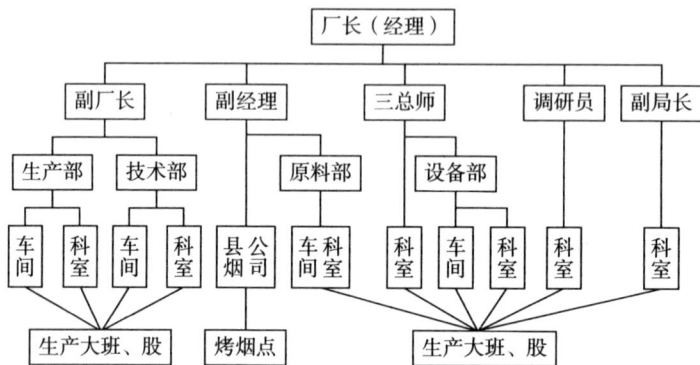

图 1 玉溪卷烟厂管理结构图

　　从这个结构图可以看出，管理层次多、幅度窄、垂直化，属于直线参谋制组织。这种管理结构在坚持直线指挥的同时，充分发挥职能部门的参谋作用，更有利于控制和监督。同时，新的组织体制在保留原有的生产部、技术部、设备部的基础上，新增了原料部，原料部全权负责"第一车间"的烟叶入厂工作。原料部的增加是"三合一"体制对旧有体制所进行的一次重大突破。

　　20世纪80年代初，烟草生产管理体制是一种多重运行的机制，体制上主要分割为三块：一块是烟草种植，由千万户烟农组成的农村个体经营；第二块是烤烟的收购、调拨和卷烟销售，主要由烟草公司和烟草专卖局负责；第三块是卷烟生产，由卷烟厂负责。这三块生产体制的分割和各自经营，将本来一条延伸线分成几段，导致工业生产和农业生产、原料与加工发展、生产与供应互相割裂，造成两烟生产人、财、物、资源、技术等生产要素的分割，难以实现优化组合和充分调配，严重影响了烤烟的生产效率和经济效益。

　　而且，这三种经营体制的分离也使三方利益分存，烟农代表生产者的利益，烟草公司代表地方经营者的利益，烟厂则代表企业和国家的利益。两烟旧体制使个人、地方、企业、国家的利益无法在统一的基础上形成强大合力，为此也常出现各种摩擦。比如在烟叶收购和供应中，因为烟叶的收购等级和价格，烟农和烟草公司争，烟草公司和企业争，导致烟叶的质量难以保证。

作为利益平衡大师，面对体制的束缚，褚时健创新性地提出实施"三合一"体制，平衡三方利益，实现利益共存，从而解决了三家利益分存的矛盾。同时这一体制也改变了分散经营的状况，在一定程度上实现了集中经营与规模经营，更好地解决了地方经营管理和企业经营管理等矛盾，将三方形成统一的经济联合体。

"三合一"体制并非简单地将三个体制、三块牌子合并，而是通过建立一种新体制，形成了一个广泛联合、统一经营的经营实体，其内层是发挥原有三个体制的三位一体的作用。玉溪卷烟厂负责加工生产，生产经营由玉溪烟草分公司负责，而专卖局负责专卖管理，在统一管理之下，三位一体核心作用于两烟的管理、组织和调度。而通过内层的作用，联合地方政府及烟农形成"三合一"机制的外层，创新性地将工业和农业以前所未有的方式紧密地连接起来。

这种组织架构也实现了统分结合的最佳模式。主要表现在：

1. 统一的生产计划安排。玉溪卷烟厂根据市场的需求和卷烟厂的生产需求，对烤烟的烟叶生产进行统一计划安排。

2. 统一的领导指挥。厂长（经理）对农工商联合体实施统一指挥，充分发挥出烤烟生产、卷烟加工及商品流通各自职能的同时，快速形成一体化优势。

　　3.统一分权与集权的关系。当时，玉溪卷烟厂的管理人员普遍素质不高，广大职工的科学文化技术水平偏低，新的组织体制在企业内部实行集权制领导，避开了下层管理素质还不够高的弊端，为有效地实施目标管理提供了有利条件。

连接工农商

如果说烟厂的组织体制变革是特殊时期的产物，那么在褚时健管理褚橙的过程中，组织管理的模式可以说更有代表性。

2002 年，保外就医的褚时健做出了在哀牢山上种植冰糖橙的决定，这是他人生中又一次选择与农民走到一起。以前管理玉溪卷烟厂时，褚时健就习惯了深入田间地头指导农民种烟。他常说："没有世界一流的烟叶，就做不出品质一流的香烟。"眼下虽然换了一种作物，也换了一批人，但他认为只要精气神还在，脑子还能转，身体还能动，大家总可以再做出些什么。

位于云南中部的哀牢山横跨热带与亚热带，日照充足，平均气温比玉溪高 10℃以上，非常适宜植物糖分生成，因此也是甘蔗等作物生长的良地。此外，山上植被丰茂，昼夜温差大，雨季有大量降水，能够保证作物的灌溉需求。一句话，哀牢山自然环境极佳。种植业靠天吃饭，不管种什么作物，这里的农民们只要肯劳作，一年的收成总归还是不错的。事实上，褚橙的老基地——
云南哀牢山戛洒基地在 2002 年前，田地里种的都是
甘蔗。

那么，农民是如何被褚时健说服改种冰糖橙的呢？
其实最简单也最有效的办法就是完全站在农民的角度，
帮他们算一笔经济账。不过，在转变立场的基础之上还
有另一种阻力存在。路径依赖理论告诉我们，一旦人们
做出了某种选择，惯性的力量就会不断强化这种选择，
让他们恐惧任何改变。也就是说，想要让之前种植甘蔗
的农户下决心改变行为方式，橙子种植方案必须提供远
超农户预期的驱动力量。

褚时健团队拥有的第一驱动力是明确的，那就是更
多的利益。

如今的农业与传统自给自足的农业已经是截然不同
的两类系统。我们可以想想，今天吃的东西里真正换算
到农户种植部分的成本占比会有多高。我们通过营销广
告知道某种产品，然后去超市购买它们，在它们到达超
市前，还会经历仓储、物流等一系列环节。今天的农业
是一个完整的供应链体系。如果没有加入这个庞大的供
应链体系，农作物即使品质再好，也难以获得与其品质
相匹配的需求量。从这点出发，褚时健不仅精心设计了
企业与农户的利益分配机制，还全力打造了一个覆盖培
训、种植、收购、营销、物流等各环节的供应链体系。

该体系只是"褚式"利益连接的一个基石，褚时健向农户抛出的橄榄枝里最重要的驱动力还未登场。而它，才是公司与农户结成"利益共同体"的关键——"公司＋农户"利益连接机制。

仅从组织模式角度看，"公司＋农户"模式并不新奇。早在 20 世纪七八十年代，泰国正大集团就已开始运用类似模式养鸡，造成了泰国鸡肉 15 年没有涨价的惊人现象。在"正大鸡"养殖模式中，正大集团负责采买鸡种和饲料，再交由农户专心养殖，鸡长成后正大集团直接派人上门收购。该模式缩短了原有供应链环节，把农户和销售商之间的中间渠道砍掉，效率大幅提升，鸡肉的养殖成本则大幅下降。

远有正大，近有温氏。2016 年，广东温氏同样凭借"公司＋农户"模式在农牧产业中脱颖而出，市值一度超过 2000 亿元，成为最值钱的农牧企业。

同样是"公司＋农户"模式，褚时健种橙时创立的利益连接机制有何特别之处？这里需要先澄清一个问题，模式名称其实并不重要。同样用"公司＋农户"的组织模式运营，但具体如何设定机制？如何管控各环节？如何激励农户使其与企业保持黏性……对细节问题的不同回答才能体现一种运营机制的精髓，泛泛而谈的模式则不能。

我们认为，褚时健设计的"公司＋农户"利益连接机制是一种"半雇佣半承包"模式。想要深入理解该模式，可以从风险和收益两方面去看。

在完全的"雇佣"形态中，风险几乎全由公司承担，被雇佣者只需要支付劳动力即可。这是最常见的个体与组织合作的形态。如果用关系模式来描述，对被雇佣个体来说，风险和利益都是属于"你的"。因此，该组织形态中利益大头通常也归公司所有。

而在完全的"承包"形态中，个体与组织之间会签订承包经营合同，由组织出让所有权，个体则掌握实际的经营主动权。如果用关系模式来描述，对承包个体来说，通常风险都属于"我的"，而利益则受到合同约束，通常向承办方倾斜。

可见，从雇佣到承包，风险更多地从企业转移到个体。但因为个体能够享有更多利益，承包模式更容易调动个体的积极性。褚时健深知，在褚橙计划推出初期，农户与企业间没有任何互信基础，无论是雇佣还是承包模式都无法达到他的要求。

为建立个体农户对企业的信心，褚时健创新推出将雇佣与承包合而为一的新模式，也即"公司＋农户"利益连接机制。用一句话概括就是：成本我出，利益共享，风险我担。

具体而言，当地农民先将土地通过流转的方式流转给公司，公司再将这部分农户纳入褚橙种植体系，由他们来进行承包种植。其间所需各类工具、材料，包括日常住所等额外成本，都由公司统一承担。冰糖橙树首次挂果需要3—4年时间，其后每年也有相当长的"非挂果期"。这些时间内种植户没有额外收入，公司就通过发放工资的形式支持种植户，待果树进入产果期后再按照果子质量分品级回购。公司还会安排种植户参加培训，统一管理施肥、灌溉、剪枝等种植生产各环节。

也就是说，种植户完全不用担心橙子需要投入的各类成本及收获后的销售渠道问题，仅以看似"雇佣"的方式参与工作，无须承担任何风险。但与"雇佣"不同的是，很多种植户原本就是土地流转户，他们不仅对这片土地有感情，也会从土壤可持续角度考虑自己的长远利益。因此，此"雇佣"不同于彼"雇佣"，用半雇佣半承包的模式来描述更为合适。

风险和成本是经营中最为严峻的问题，普通的经营者很难做出如此巨大的让步。但褚时健认为，非如此不足以稳定农户的心。管理中最难的不是管行为，而是安心。种植业标准化还在路上，最高级的标准化还得依托于农户的自主性。如果自己真心想干，将心血倾注到果树上，自然能结出硕果。

褚时健并非经济学者，但他从朴素的"共同体"理念出发设计的利益连接机制却与经济学的交易成本理论不谋而合。按照交易成本理论，谁的合作意愿更强烈，谁就应当支付更多的交易费用来促进交易达成。

创新组织激励

2015 年，已经 59 岁的老顾和妻子还在哀牢山上种橙子，看着园子里的果树，老顾满是成就感，他边说边用手比画道："我是看着这些树苗从 30 厘米长到比我还高的。"

老两口一共管着果园里 2500 棵橙子树，在哀牢山种橙子种了 10 年，已是褚橙果园的老员工，每年也都能获得比较稳定的收入。但按果园规定，60 岁是退休年龄，到了 60 岁农户就应该退休。老顾希望自己退休后，能说服儿子上山继续种橙子，他把这当成一项事业，希望传承给儿子。老顾的这个计划也是有依据的，褚橙果园有个柔性规定，当果农到了退休年纪退休后，如果家里有人愿意继续接受种橙工作，果园可以优先考虑录用。实际上，像老顾这样的被褚时健感化的果农在褚橙基地还有很多。他们都感念褚时健的管理理念，希望能一直在褚橙果园工作。

褚时健在褚橙果园的管理上，奖惩分明，十分受员工爱戴。褚橙果园的作业区长们每年的奖金，有很大一部分是根据当年各作业区的质量和产量计算出来的，2013 年，当褚橙总产量达到了 1 万吨，褚时健为了奖励各作业区长的费心费力，给他们每人奖励了一套 150 平方米的房子，福利丰厚程度可见一斑。褚时健对其他员工说："如果你明年的奖金想像他一样拿，那就要干得像他一样好！"

褚时健在工资及奖励方面毫不吝啬。"2003 年，种植户每月基础工资在 600 元左右，2013 年上涨到 2600元左右。产果前为固定额的基础工资，产果后称为借发工资，收果后扣除这部分工资。2009 年以后，褚橙公司为农户增设了工龄工资，每增加一年收入，每月增加100 元。"以上算是基本工资，而奖励则"以 2013 年的数据为例，果农种植褚橙产出果实后，公司将果实划分多个级别，按照不同级别来向种植户支付酬劳，相当于绩效工资。具体为：1 级果 1.8 元 / 千克，2 级果 1.7 元 /千克，3 级果 1.2 元 / 千克，次果 1 元 / 千克。绩效工资体系也是浮动标准，根据当年度情况上涨"。

为了使管理制度更加健全，褚橙基地也设置了非常严苛的奖罚核算体系，只为提高生产效率。在奖励的基础上，基地秉承公平、公开、公正原则制定了多项惩罚标准机制。

为了让园区的果农服气，作业长每月都需要制订出当月的工作计划和标准，之后就制订的内容与褚时健进行讨论，通过后分区严格实行。这套制度大体上包括了果树生长、病虫害、果树环境、果实质量、药物使用等方面，达不到标准的即实施扣罚。

以下是 2013 年褚橙基地部分处罚和标准计划：

1. 在焚烧疏除枝梢及剪除的干枯枝时，若烧着果树，扣预支生活费 50—100 元。

2. 2 月份溃疡病检查。4 年生树及挂果树按 15 片叶／株的标准，扣除预支生活费 10 元／株；一二三年生树按 3 片叶／株的标准，扣除预支生活费 10 元／株。

3. 顶果工作检查。发现坠地果以 50 个为基数扣预支生活费 20 元，每增加 10 个多扣 5 元。

4. 春季修剪不到位，树冠内堂通风透光不好，检查时扣预支生活费 100—200 元。

5. 除草剂危害果子检查。以 5 个果子为基数扣 5 元，每增加 5 个多扣 5 元。①

在这些扣罚制度的要求下，员工不自觉地会按照标准生产。总体而言，褚橙基地的员工们，其工资都是上涨的。据云南省产业扶贫领导小组办公室发展计划处的报告显示，2014 年以来，褚橙基地区域的农民人均纯收入已从 8536 元增长到 12104 元，基地发展直接促进了当地农民增收。

---

① 黄铁鹰. 褚橙你也学不会 [M]. 北京：机械工业出版社，2015.

除了切身的利益关怀外，在褚时健的管理下，员工还能切实获得一定的成长空间，得到持续不断地成长。有人问褚时健手下的质保部主任，在褚时健手下工作最开心的事情是什么时，得到的回答是："或许是这 10 年间，我发现我的专业技术还在不断增长。"

不仅仅是在褚橙基地，以前在玉溪卷烟厂的时候，褚时健也是以工资和福利作为驱动，让职工不仅仅是为了工厂而工作，更是为了自己而工作。他在任职后，为了调动职工的积极性，先是采用了浮动计件管理制度。后来引进了国外的设备，开辟了"第一车间"，又根据实际更新了计件制度，让职工们心服口服的同时又提高了生产力。

计件制度最优秀的地方就是越勤快的人，拿的工资越高。不过后面"定员定额＋计件工资"的制度出来后，一开始产量上升，效果喜人，可后来却发现浪费的数量也变大了。

因为每个职工在为了产量而奋斗的同时，消耗也变得不可控制。车间里到处都是浪费掉的烟丝、烟叶、烟枝，而这些浪费掉的东西却无人去管。消耗高了成本也就高了，成本一高，和生产总额对冲，赚的钱实际上也没有那么多了。

如果强制性地要求职工节约，或者是制定一系列的处罚条例，恐怕还会让员工产生不满情绪。因为职工会觉得大家是为了提高产量、为了工厂的效益才这么做的，而管理者居然不分青红皂白地实行扣罚。为此，褚时健研究了一番之后，决定在"定员定额＋计件工资"的制度的基础上，补充设计了一个节约奖。

他定下了一个标准：把每箱烟的消耗定为 60 千克，节约总价值的 15% 拿给大家分配，节约得越多，奖金就越多。这个补充设计的制度提高了大家节约的热情。但这个制度实行之后新的问题也来了，因为大家是一条流水线上的，所以前面的浪费得多了，后面的不管怎么节约都节约不到多少，这样的不平均让职工们产生了矛盾。这次的解决方法是直接把每个岗位都定了一个指标，把节约的部分再用电子秤来称量，这样大家节约的量就明明白白了。一个月下来，在产量提升的同时消耗的量也减少了，结局自然是皆大欢喜。

奖惩制度要设立，且设立之后一定要执行，不然就形同虚设，既没有起到激励员工的作用，也没有起到约束员工的作用。在制度执行过程中，褚时健讲究的是公平，不公平的制度会让企业两极分化，让员工对企业离心。公平的制度会让员工对企业产生归属感和认同感，员工就会奋勇向前。特别是在与惩罚制度并行的时候，员工就会特别注意规避错误，且做事也会变得认真起来。这是管理者在无法亲自盯着每一个员工、每一个环节时的最好方法。让员工在工作的时候化被动为主动，提高自觉性，这些都是具有正面作用的。

第十一章

赋能个体：每个人都是主人翁

果农其实也不好管理，他们才不管你是不是褚时健。砍树、剪枝、施肥……每一件事情都要跟他们讲明白。以前做烟的时候，也是这样的，我从烟田抓起，给农民种子、化肥，指导农民怎样种出一流的烟草，然后我来高价购买烟叶。

——褚时健

褚橙"公司＋农户"的模式是将基地划分作业区或生产组，每个组下面为多个生产单元，每个单元管理 2500—3000 棵果树；公司将果树承包给农民（种植户、管理户）种植，日常公司为种植户发放工资，统一管理，统一生产；果树进入产果期后，公司按照果子的质量来分级购买。

从管理模式来看，公司与农户是半合伙人的关系，"公司＋农户"是一种公司内部的承包经营性质，农户首先是合作者，挂果前领相对稳定的工资，挂果后取消日常收入，改为年度收益。这种管理模式打破了传统的雇佣关系，将公司与农户责任深度捆绑，利益共享。

综合来看，褚橙"公司＋农户"的利益连接机制是公司和农户深度捆绑，促农增收、助农减少投入并保障农户有一定收入基础，浮动营收、实现正向经营循环，并严格、高效执行有效管理决策的利益连接机制。

归根结底，褚时健的管理策略之一是在极力调动参与者的积极性。

"半个合伙人"

管理的核心在于管人。

在褚橙管理体系中，公司对农户的管理，其实实行的是一种"半合伙人制"，公司与农户之间是"半合伙人"关系。当时还没有企业敢采取这样的模式对农户进行管理，这也是褚时健产业化运作褚橙的创新管理模式。

当时，大部分农业公司管理农户的方式是"公司＋农户"模式，在我国，这一模式起源于 20 世纪 80 年代广东的一家公司——温氏农业，温氏农业集团整合自身和农民的资源，通过一定的连接机制，将两者的利益捆绑在一起。这样既相对保障了农户的利益，又增加了公司的核心竞争力，为企业发展壮大奠定了基础。随着农业产业化不断发展，越来越多的农业公司开始采用这一模式，"公司＋农户"的模式也伴随着管理模式的不断演进而变化。农户参与程度日益加深，企业和农户之间的关系变得更为复杂和多元，所以当时在农业产业化生产中大多数公司都采用"公司＋农户"这样的主流组织模式。而褚时健所带领的褚橙公司对农户的管理远比这一模式要复杂得多。

褚时健认为企业领导者管理好企业的首要条件，便是要重视员工。在玉溪卷烟厂时，他曾说"不关心工人痛痒的厂长不算是个好厂长"，所以褚时健的做事风格便是以身作则，带动他人。他以自己的个人魅力形成了公司的向心力，玉溪卷烟厂的职工对工作无不全力以赴。他对待员工的态度让员工有了归属感，员工感受到了自己在厂里的主人翁地位。

褚时健决定种橙之后，在果农的管理上也进行了长时间的思考。他将以往在玉溪卷烟厂时运用的管理方式和传统农业公司"公司＋农户"的模式相结合，创造性地提出了"半合伙人制"的管理模式。而这一用工模式是褚橙取得成功的重要因素之一。

在褚橙公司的管理中，褚时健鼓励种植褚橙的农户树立主人翁的工作精神。他认为褚橙果园里的种植农户不是个体种植者，也不是单纯的员工，而是他的"合伙人"。他以身作则，亲自下地种橙，从生产到销售环节一个个进行质量把关，带动了农户的生产积极性。他关心果园里的每个农户，逐渐改变了果园里农户们的生活条件，让每个农户建立起了主人翁责任感。更为关键的是，褚时健在农户管理上建立的"半合伙人制"也直接促进了农民收入的增加。

褚时健提出的"半合伙人制"，既有订单农业的特点，也有公司和农户一体化、深度利益捆绑的特征。我们可以从四个方面来理解这一制度，即免费承包责任制、补贴农户、公司统一培训和固定买卖关系。

免费承包责任制。褚橙果园被划分成多个不同片区，每个片区以23亩左右为一个单位，并免费承包给农户。公司统一分配果树苗，建设灌溉系统，提供有机肥料、营养等，农户承包各自区域，负责种植与管理果树。

农户补贴。公司每个月给农户数百元生活补助，同时免费提供种植工具和农药。公司还为每家农户提供50平方米配套设施齐全的住房和土地。

公司统一培训。每年公司给新加入的农户进行统一培训，由专业技术人员为农户提供手把手指导教学。公司严格培训种植褚橙的每一个环节，按月按天分解任务，并检查任务的完成情况。以"剪枝"为例，种植户必须参加"考试"——在现场剪出合格的形状，然后才能在承包的果园中动手剪枝。

固定买卖关系。褚橙产果以后，农户需按照果园规定的时间和方式采摘，再把果子交到公司。公司按不同的级别和价格统一收购果实。

"半合伙人制"既保证了公司对农户的管理权限，保证了褚橙的种植水平和质量，另一方面也能够最大限度地调动农户的生产积极性，让农户在褚橙果园获得归属感，把自己视为果园的主人翁。

私下里，褚时健常和农户们聊天，农户们很喜欢这位没有领导架子的高龄老人。给农户布置任务时，褚时健明确告诉农户每个环节的种植标准，让农户心里有数。褚时健也会采纳农户的意见，制定相应的措施和方案。

由于种植行业的长周期性，褚橙公司也对褚橙管理体系"半合伙人制"的收入分配模式做了调整。调整后的收入分配分为两个部分：第一部分是在果园产果前，公司采取固定工资模式给农户发放"果树管理费"，每个种植户以家庭为单位，按月领取工资，以保证农户收入的稳定；第二部分是果园产果后，分为两种分配方式发放工资，即借发工资＋吨位工资①和企业反哺基金。②这就意味着农户既能得到种植带来的收入，还能享受到褚橙总收入的固定比例提成。这让农户的收入每年翻番。得益于收入分配上的创新，褚橙公司解决了农业产业化经营中周期长、投入大等风险，让农户的固定收入在一定程度上得到了保障，而且较同地区同时期的平均收入高。这套褚时健独创的薪酬制度从根本上将公司和果农

---

① 借发工资：是指每月先借发种植户固定工资，到了收果时，将果子质量进行严格评级，按照产量吨位结算，发放吨位工资的时候，将之前一年借发的工资扣除，再将剩余的收入结算给农户。

② 企业反哺基金：企业种植经营品种形成产值后，原则上为种植第5年后开始，每年按照种植基地种植管理农户年度种植管理收入的总额为基数，另提取15%，按实际土地出租面积补助给土地出租户的资金。

的利益捆绑在了一起。

褚时健说："对提高农户工作最大的监督力量是工作绩效必须和个人收入挂钩"①。褚时健在果园还采取有效的激励措施，激励着农户。除了激励机制，褚橙公司还实行一定的考核制度，通过奖罚分明的制度，将农户自身利益与公司利益挂钩，农户自己种植的果子质量好，增加了公司收入，农户的收入也跟着提升。

一个果园的农户说："在果园里工作，公司给安排了配套齐全的房子住，分配土地给我们自己种菜，一家人都在里面，平时没什么支出，也能存不少的钱。除了家里两个孩子读书花得多些，生活过得比以前自己种地卖菜来得好。只要工作做得好，老板还有奖励，工资就高了，这让我们很开心。"

在我国农业产业化运作中，褚橙一枝独秀成为中国农产品品牌的典范。褚时健独创的管理方式，着实让人钦佩。褚时健的管理思想的精髓，从玉溪卷烟厂延续到褚橙公司，这源于他敢于跳出传统制度的框架束缚，勇于创造新的架构，构建一个独属褚时健标记的模式。在褚时健的领导下，褚橙公司也在不断地蓬勃发展。

---

① 周桦．褚时健传 [M]．北京：中信出版社，2016．

抓关键点

在褚橙管理体系中，公司与农户是"半合伙人"的关系，这是褚时健在褚橙种植和生产经营管理上开发的新的运作方式和解决问题的新方法。

如果说褚时健采取的"半合伙人"模式是对农户利益的平衡分配，那么对人员的管理则是一种纵向的管理方式。

在决定进军农业之初，褚时健的目标就很明确。他不想做一个只种橙子来售卖的普通果农，而是奔着规模化经营、打造高端产品的方向创业。在中国农业尚未产业化的阶段，褚时健要招募到合适的人选十分困难，这决定了他对人才的招聘和任用尤其严苛。

褚时健效仿当年在玉溪卷烟厂期间"第一车间"对人才管理的制度，根据每个人的能力进行任命。当时褚橙大约有2400亩橙子种植地，褚时健将土地划分成4个作业区，每个作业区设立一个作业长进行管理，作业长的责任是管理农户，对果园的生长和生产结果负责。[①] 每个作业长管理30—40户果农，7万—10万棵果树。[②] 这4名作业长都是有10多年柑橘种植经验的专业人才，是褚时健邀请的专业一线精英。在这时褚橙基地的人才管理就形成了褚时健—作业长—农户三级体系。

在褚时健看来，作业长就是"中层干部"，这一岗位将褚橙种植技术、行政管理集于一身，是褚橙公司发展过程中的中流砥柱。

褚时健认为，一个优秀的企业领导，不懂经济管理不行，而光懂经济管理也不行。选拔人才需要将他放到一个关键的位置上，不仅要懂管理、懂经济、懂专业，更要学会如何和农户沟通。

种植基地的农户，受教育程度偏低，需要作业长和专业人员详细地指导技术要点，同时他们对新知识的接受速度较慢，接受程度也较低。因此，农户也是褚时健最费心的团队，从果树幼苗阶段开始种植、施肥、浇灌、砍树、剪枝到结果，每一个环节，都让专业人员手把手地一一给农户们展示，直到农户们掌握。而这项工作便落在了作业长身上。

作业长大部分时间都在所管辖的几百亩土地上，一

---

① 周桦. 褚时健传 [M]. 北京：中信出版社，2016.
② 黄铁鹰. 褚橙你也学不会 [M]. 北京：机器工业出版社，2015.

家一户的沟通、协调、监督、检查。遇到农户不能解决的问题，作业长还需亲自上阵，给农户做示范和讲解。作业长的收入是由所管片区果子的质量和等级比例来计算的，这极大地激发了作业长的工作热情。褚橙的精细化管理和收入分配方式，不仅增加了农户和作业长的收入，而且也让其他种植冰糖橙的基地都望尘莫及。

1986 年是褚时健担任玉溪卷烟厂厂长的第 7 年。随着国家放开对卷烟产销计划的控制，褚时健终于获得了烟叶基地种植的"准生证"。他将工厂的"第一车间"延伸进烟田，进而实现原料垂直化管理，保证原料稳定的供应量和优良的质量，以解决玉溪烟厂因原材料不足或质量欠佳引起的产量少、质量低等问题。

这一年褚时健迅速将云南省云溪市、通海县、江川区三个共计约 1 万亩的优质烟叶生产基地收入囊中。同时和云南省 37 个乡镇县区的 8930 名烟农签下了约 5 万亩的烟草种植合同，从此拉开了全国"烟田为第一车间"的建设革命序幕。

实际上，放到现在来看，褚时健提出建立"烟田为第一车间"的措施，是一种供应链端的垂直化管理理念，是玉溪卷烟厂做大做强的必然尝试。

20 多年后，当两鬓斑白的褚时健回到田野，在云南哀牢山深处开荒种橙时，他将此前自己管理烟厂生产的工业化思维也运用到农业的生产管理中，最终造就了火遍全国的褚橙，创造了农业奇迹。

"田间是第一车间"成为褚橙果园新的执行理念，在新的土地上扎根生长，引领在这片土地上工作的人踏实前行，不断奔跑。那么，"田间是第一车间"的生产管理思想，究竟是怎样在哀牢山上扎根发芽的呢？

从管理的角度来看，主要体现在被褚时健不断简化的果园管理结构上。褚时健秉承"田间是第一车间、其他岗位为田间生产服务"的理念，简化基地管理架构，打通了所有生产通道，让农业生产成为一件有标可循的事，进而提高了果园的生产效率。

"专家总是在简化其判断和决策的过程，从而让自己的生活变得越来越轻松。久而久之，他们学会了应该关注哪些重要的东西，学会了从海量数据中挑选出真正重要的信息，找到了用来区分不同情境的关键鉴别指标器，学会了无视那些可靠度较低、并非始终有效的鉴别指标器。"① 创新思维大师爱德华·德博诺如是说。

褚时健正是这样的专家，在几十年的企业管理中，他逐渐学会了删繁就简的思维方式。褚时健总能透过繁杂的现象，看到事物的本质，用简化的思维做出最适当的抉择。在生产效率上，他能透过复杂的生产环节，抓

---

① 爱德华·德博诺. 简化 [M]. 朱邦芹，译. 北京：中信出版社，2015.

到最关键的生产点，准确地对生产流程进行简化，以提高生产效率。

以目前褚橙果园的管理架构为例，如果说娃哈哈的扁平化管理结构——项目决策最多通过三层，一线到企业最高领导之间的决策通道畅通无阻，是生产制造业的杰出代表，那么褚橙果园就开创了中国农业的标准简化管理先河。农业生产受环境影响大，农事生产灵活，生产者受教育程度较低，农业生产简化的难度更大。

但褚时健还是做到了，他将工业简化思维运用到农业管理中，让员工有了"田间就是第一生产车间"的理念，让全员都重视农业生产，形成优先满足农事生产的理念，以此提升员工的执行力和农业生产效率。

目前，褚橙果园的管理层架构设置十分简单。其决策层只有两层，分别是4个作业长、一个病虫害防治主任和一个办公室主任。同时，管理员或农民可以与最高领导层进行直接沟通，从员工到决策层的所有通道都是畅通无阻的。

扁平化

如果说"田间是第一生产车间"是简化管理的核心指导理念，那么砍掉"内行"则是褚时健对垂直化结构管理的贯彻执行。

"耽误工作的，一律砍掉。"这是褚时健奉行的管理原则，也是他工作的基本底线。比如，当谈及褚橙果园的管理结构时，果园的作业长曾反映说："以前，我们的管理体制是按照政府部门设计的，三级管理，我们和褚时健之间还有个中间部门，叫生产技术部。生产技术部有个总经理，他来管理我们，我们要向他汇报。但是后来发现沟通不畅，在2009年被取消了。现在褚时健直接面对我们。"

2009年，褚时健砍掉了自己亲自设置的一个果园管理部门——生产技术部，当被问及为什么设置农业生产技术部门时，褚时健曾笑着道："一开始我种冰糖橙也是外行，就想请内行人管理；另外，也希望省点儿事，找专家替我管。"

褚时健：管理至上

技术部门设置的初衷是希望利用专业人士的技术优势，节约农事生产成本，但最终发现新增加的这一层管理部门在实践过程中不仅没有发挥出预期的作用，反而阻碍了果园生产。

这些技术人员直接管理下面负责园区生产事宜的作业区长，但他们对果园的实际生产情况却了解得很少。有农民甚至开玩笑比喻，在田间看到褚时健的次数，都比看到这些技术部门的人员多得多。

当接受作业长们汇报做决策时，技术员们很多时候就会因不了解情况导致决策滞后或做出错误决策。比如农药喷洒，喷洒农药在整个农事生产流程中，对时间的要求比较苛刻。而农业是个"靠天吃饭"的行业，天气瞬息万变不受人为控制，但有经验的作业长往往能看准天气预报，进而推算出不会下雨的最佳喷洒农药时间。

这么紧促的喷洒时间，还要经过生产技术部的批准，这就会导致因决策迟缓延误作业，失去了喷洒农药的最佳时机。由于病虫害无法得到及时治理，耽误了果树的重要生长节点，更严重的甚至会导致果树死亡。"比如防治红蜘蛛，发现了要趁早打药，等生产技术部批条子的时间，红蜘蛛早传开了，再打药就要打三四次，浪费工时，浪费药！"

当褚时健了解情况后，考虑到整个农事生产效率，便果断"砍掉"了生产技术部，改为几位作业长直接向他汇报果园情况，"不官僚，不走形式"。在喷洒农药方面，规定如果作业长推算出了打药时间，就可以直接安排打药事宜，药量再不需要经过技术部门批准。这样一来也提高了作业长们的生产积极性，许多作业长都能够长时间地高效工作，吃住都在农场，用他们的话说，就是"一年365天，最少330天在基地"。

总的来说，褚时健对褚橙果园的扁平化管理，使果园管理的上下级之间、部门与部门之间的沟通更加顺畅，极大地提升了员工的执行效率，促进了果园生产管理系统的高效运转。

信任感

2009 年，褚橙果园作业长郭海东遇到了一个令人头疼的难题，自己所管理的作业区由于地势高低各异，水管安装较少，导致离主水管近的农户能分到相对充足的水源，离主水管远的农户分到的水源相对较少，分配不均自然引起了作业区农民的抱怨。

虽然郭海东一直安抚农户，尝试让大家尽量将水资源进行平分，但未能从根本上解决这一问题。那一年，经过深思熟虑后，郭海东向褚时健提出增加一根水管的请求，以解决农户用水的水管口径不足的问题。

"一根水管多少钱？"褚时健问道。"100 万元。"郭海东回答，同时他向褚时健保证只要花费 100 万元，就能解决片区水资源分配不均难题。水管多了，农民自然不会再为水多水少起争执，也能全心全意投入生产工作，生产效率自然就能得到提高，这笔投入绝对能赚回来。

没有任何顾虑，褚时健答应了郭海东的请求，郭海东得到 100 万元基建资金，在自己所管辖的作业区很快修建起了新水管。在解决了水源问题后，仅仅三年，他的片区就成为褚橙果园产量最高的作业区。

实际上，如果褚时健对郭海东没有信任感，没有当机立断批准那100万元的投资，或是郭海东对褚时健不信任，不敢在当时立下保证书，这件事情就不可能有这么高的完成效率。这是一种无形的合作关系，这种关系中包含着各自的责任与义务理念，也包含着满足彼此的心理预期。

美国著名管理心理学家施恩（E.H.Schein）教授提出将存在于企业员工之间的隐形关系称为"心理契约"，他认为心理契约是"个人将有所奉献与组织欲望有所获取之间，以及组织将针对个人期望收获而有所提供的一种配合"。这是管理者与被管理者之间的无形契约，在管理褚橙果园时，褚时健就与员工建立起了这样一种"心理契约"，与员工产生了无形的配合关系，进而催生出褚橙果园的民主管理机制。

在褚橙基地还有很多这样和谐的上下级关系，比如褚时健管理团队时，他不会穿着西装在办公室里正襟危坐，他们的开会形式通常是实地调查，褚时健边在果园走动，下面的人就跟在边上直奔主题说事；会议也不是"一言堂"，褚时健不会一个人讲话，通常情况下，他都会先让作业区长们分别发表自己的看法，抛出现阶段所遭遇的问题，然后再讨论，最后做总结，整个会议秉着有事说事、没事就做事的态度。

"我们老板的橙子不够卖，1万吨都不够卖，外面买不到这个货。这个老板来订几千吨，那个老板来订几千吨，坐飞机来订货的都有，老板都说没有货没办法啊。再贵都有人买啊。我们老板名气也好，做的事情也好。那个玉溪的烟厂他去了以后马上就厉害了。不得了，我们老板很好，一般老板都不会这样做。"一位褚橙基地的员工这样说道。褚时健在果园从不摆架子，跟员工、乡亲的关系十分亲密融洽，他是戛洒镇乡亲口中的"褚大爹"，许多人说起他时充满了赞美之词。

领导不摆架子，不要官腔，信任员工，员工不溜须拍马，干实事，尊敬领导，公司上下一心，相互信任，管理人员发现问题就及时解决，遇到特别难处理的事情就大家想办法一起解决。正是在这样的民主氛围下，才有了类似郭海东水源问题的高效处理办法。

生而有涯，而奋斗无涯

2019 年 3 月 5 日，褚老走了，我和马玥赶去云南见他最后一面。凌晨 3 点，空旷的殡仪馆停车场上突然下起大雨，对于生离死别，明明知道无能为力，但是依然悲伤。

围绕灵柩的人们一直在诵阿弥陀佛，对于送别离世亲朋的风俗各地不同，但无论什么形式，都有不舍。灵堂里的照片上，他目光如炬，而躺在灵柩里的他，异常安详，如在熟睡，但我们知道，此时已是永别前的倒计时。

如褚老之经历成就，91 岁离开，算是喜丧，但此时初春夜深，乍暖还寒，冷雨又飘零，想到英雄之躯，征战沙场无数，终被岁月带走，悲更涌来。

谁也无法抵御时间，最终时间都会把我们带走，我们因何奋斗？褚老静静地躺在那里，他的那些跌宕起伏自此画上句号，他的那些遭遇与荣光都浓缩在这个临时准备的房间里。我曾试图找到和褚老一样的企业家，但在中国的企业家群体里，难以对标。日本的稻盛和夫，他们相似，但褚老人生更为跌宕。褚老是独一无二的褚时健，但现在，一切归零。

事情再大，大不过生死，除去生死，其他皆小；事情再难，难不过知行对错。人非草木，孰能无情？生离死别都是关，如何去看，如何去过，如何才是不负时光？这个是很难的问题，无论我们曾经多么辉煌，既然最终都归于平静，那么我们何不轻松去过！但是究竟什么是轻松呢？

褚老曾跌至人生低谷，他曾自评，功是功，过是过。联想到出世和入世，一个人要做到出世太难，在世上走，就是入世，是人都有七情六欲，正因为此，我们才称而为人吧。无论世人如何评说，我们自己如何选择，关键还在于自己内心接受，至于其他，基本都是浮云。

褚老这一生，贡献极大，他发心是要为国家、为民族、为人民做一些事情，他热爱我们这个国家并不是一句空话，而是有实际行动的。褚老总是谈到要给国家多纳税，企业好不好，纳税是一个很重要的指标。当然这是他的选择，也是他的热爱；是他的责任，也是他的使命。

他也是这么做的，他给国家创造税收，管理烟厂的时候，还投资修了昆玉高速，修了很多电站，前者当然算布道，后者是给更多人带去光明。

作为企业家群体偶像的企业家，谁位列第一，迄今没有确切的统计，但是至少我们认为，褚老的企业家精神影响了众多企业家，诸多企业家既是他的朋友，也是他的粉丝。

回顾褚老的历次创业，从糖厂到烟厂再到种橙，通过竭尽全力的奋斗，他都成为行业的领导者。他的创业都可谓逆势而上，他把亏损的糖厂和烟厂带出泥潭，他75岁再创业，把一个落后的冰糖橙品种改造成引领行业的褚橙。

无论东西方，企业家的成功都如履薄冰，无论中外，成长的企业家主要凭借自身努力、才华，当然也有时运，克服各种困难，取得甚至他们自己都感到意外的超级成功。

褚老从不退却，艰难险阻都成为他成功的垫脚石。在他成功的背后，有着超常的使命感、激情与思想。

我们必须承认，复制褚橙和学习褚老很难，我和财经作家熊玥伽在写《褚橙方法》的时候，花了比较长的时间去总结，包括后来和考拉看看的创始人马玥女士一起研究和写作《褚时健管理法》，我们有一个共同的结论，那就是，我们不应该去复制它，而应该去学习精神和借鉴方法。褚橙既是一个产品，也是一种消费符号，目前云南也有大面积的果园希望复制褚橙，首先要解决品质的问题，然后还要解决品牌的问题，标准化的品控可以复制出类似的品质，而品牌要复制，短期内比较难，过去几年我们也看到了众多借鉴者的失败案例。

另外一方面，市场变化很大，褚橙的成功有必然的因素，也有很多偶然的因素组合。尽管如此，褚橙是一个标杆，我认为我们既可以学习褚老的企业家精神，同时也可以去借鉴褚橙成功的一些方式和方法，尤其是它的种植管理标准化、产品运作品牌化。

2019 年 5 月，我重新来修改关于褚老的书稿，这是一组作品，合计有三部，体量很大，编辑也要求加快交付。

之前总觉得书稿的质量不够好，还需要继续打磨，所以就没有交给褚老看，如今想来，做什么事情，都要赶时间，尽量把时间周期往前赶。

这部作品的雏形是我和考拉看看内容创作中心的一群作家讲思路，然后共同完成的初稿，书稿放一段时间再来看，曾经那些觉得很满意的地方又觉得问题很多，好些内容感觉要再打磨，甚至想到要放弃。

可是后来转念一想，放弃是最简单的事，这不仅不会解决问题，还会带来新的问题。褚老很强的能力是解决问题能力，有次周其仁教授总结他的特点，也是这样概括的。我们现在写褚老的作品，而且已经有了初稿，怎么能够放弃呢！我们说向褚老学习，如果换作是他，肯定不会选择放弃，而是要用心来解决这个问题。

　　褚老曾不止一次对我说过，年轻人不要着急，把问题一个一个解决了，事情也就做成了。

　　所以我又重新安静下来继续修改书稿，静下心来的时候，好像问题也没有那么多了，烦恼也不见了。

　　继续改稿子，还是有时间要求的，并不能慢下来，但是心态转换以后，明显觉得很有力量。

　　修改书稿时突然发现对褚老的管理有很多新的认识，外界那些羡慕褚橙成功的人，如果没有研究褚老的过去，是很难理解褚老的管理体系的。

　　书稿重新把我带回褚老的身边，这种感觉还真是很奇妙。褚老能够取得一次又一次的成功，其实是他在很年轻的时候就已经形成了解决问题的体系和思路。

　　解决问题说起来好像很简单，可是要真正把这种常识落到实处，既需要用心也需要技巧，当然我觉得首先还是要从心出发，态度特别重要。重视问题的解决，然后去找到钥匙，就可以把问题打开。

　　褚老解决问题，重视经营的效率，对我们的事业其实有很好的启示，比如坚持做很好的产品。

　　修改书稿是我和考拉看看团队很日常的一项工作，大家用心去做这件事情，很有成就感，书稿的质量也有了很大的提高。再次用心走进这些文字，这些内容也带给我很大的启示。

　　考拉看看是一个内容创作和运作团队，每年受托写作和出版的图书上百册、数千万字，大家做好的内容和书稿，也是要从产品的角度出发。做出好的作品，市场可以给出更好的价格，这种信用后期还会有很大的延续效应。

解决问题，做好的产品，做好日常的每一个细节。面对问题，我时常想，如果可以转换身份，那些成功的人会怎么做呢？无论如何，他们的成功启示就是，解决了很多大的问题。

如果你去过褚橙基地，和基地的员工聊天，你会发现，他们的说话方式、内涵和行动，深受褚老影响，和褚老如出一辙。在褚老多年的用心经营中，他的经营方法被学习和实践，他的使命感、激情和思想已经和员工融为一体，也正因为此，他的企业才取得了前所未有的成功。

人和团队合一，这是真正的影响力，这需要非常大大的力量！

我们乐于用文字来表达我们的致敬，希望这本书可以给你带去力量。

读者意见请发送至邮箱 24973558@qq.com。

张小军

2019 年 5 月

于成都考拉看看图书馆